U0640357

培养科学兴趣爱好

《"四特"教育系列丛书》编委会　编著

吉林出版集团股份有限公司
全国百佳图书出版单位

图书在版编目 (CIP) 数据

培养科学兴趣爱好 / 《"四特"教育系列丛书》编委会编著 . —长春：吉林出版集团股份有限公司，2012.4
（"四特"教育系列丛书 / 庄文中等主编 . 爱学习，爱科学）
ISBN 978-7-5463-8682-9

I. ①培… II . ①四… III . ①科学知识－教学研究－中小学 IV . ① G633.72

中国版本图书馆 CIP 数据核字（2012）第 044039 号

培养科学兴趣爱好
PEIYANG KEXUE XINGQU AIHAO

出 版 人	吴 强	
责任编辑	朱子玉 杨 帆	
开 本	690mm × 960mm 1/16	
字 数	250 千字	
印 张	13	
版 次	2012 年 4 月第 1 版	
印 次	2023 年 2 月第 3 次印刷	

出 版	吉林出版集团股份有限公司
发 行	吉林音像出版社有限责任公司
地 址	长春市南关区福祉大路 5788 号
电 话	0431-81629667
印 刷	三河市燕春印务有限公司

ISBN 978-7-5463-8682-9　　　　　定价：39.80 元

前　言

学校教育是个人一生所受教育中最重要的组成部分，个人在学校里接受计划性的指导，系统地学习文化知识、社会规范、道德准则和价值观念。学校教育从某种意义上讲，决定着个人社会化的水平和性质，是个体社会化的重要基地。知识经济时代要求社会尊师重教，学校教育越来越受重视，在社会中起到举足轻重的作用。

"四特教育系列丛书"以"特定对象、特别对待、特殊方法、特例分析"为宗旨，立足学校教育与管理，理论结合实践，集多位教育界专家、学者及一线校长、教师的教育成果与经验于一体，围绕困扰学校、领导、教师、学生的教育难题，集思广益，多方借鉴，力求全面彻底解决问题。

本辑为"四特教育系列丛书"之"爱学习，爱科学"。

古今中外，许多成功人士都重视和强调学习方法的重要性。伟大的生物学家达尔文就曾说过："一切知识中最有价值的是关于方法的知识。"著名的大科学家爱因斯坦的成功方程式则是"成功＝艰苦的劳动＋正确的方法＋少说空话"，这也是爱因斯坦对其一生治学和科学探索的总结。我们不难看出正确的方法在成功诸因素中处于多么重要的位置。联合国教育、科学及文化组织教育发展委员会在《学会生存》一书中指出："未来的文盲不再是不识字的人，而是没有学会怎样学习的人。"也就是说，未来的文盲不是"知识盲"，而是"方法盲"。所以，在教学中对学生进行正确学习方法的教育极其重要性。本书包括提高智力的方法及各种学习方法和各科学习方法等内容，具有很强的系统性、实用性、实践性和指导性。但要说明的是，学习有法，但无定法，贵在得法。教师在教学中要注意因材施教，注意学生的个体差异，进而施以不同的方法教育，这样才能让学生掌握最适合自己的学习方法，从而终身受用。

科学是人类进步的第一推动力，而科学知识的普及则是实现这一推动的必由之路。在新的时代，社会的进步、科技的发展、人们生活水平的不断提高，为对青少年的科普教育提供了新的契机。抓住这个契机，大力普及科学知识，传播科学精神，提高青少年的科学素质，是我们全社会的重要课题。科学教育是提高青少年素质的重要因素，是现代教育的核心，这不仅能使青少年获得生活和未来所需的知识与技能，更重要的是能使青少年获得科学思想、科学精神、科学态度及科学方法的熏陶和培养。

本辑共20分册，具体内容如下：

1.《智能提高有办法》

智能提高的可能性，与遗传基因和后天因素息息相关。遗传因素我们无法改变，能够改变的就是尽量利用后天因素。本书针对学生如何提高学习智能进行了系统而深入的分析和探讨，并给予了切实的指导，对中小学生颇有启发意义，具有很强的系统性、实用性、实践性和指导性。

2.《高效学习有办法》

高效学习法是一种寓教于乐的教育方式和高效学习训练系统。它从阅读、记忆、速算、书写这四个方面入手，提高学生的"速商"，让学生读得快、学得快、算得快、记得快，迅速提高学习成绩。本书针对学生如何提高学习效率进行了系统而深入的分析和探讨，并给予了切实的指导，对中小学生颇有启发意义，具有很强的系统性、实用性、实践性和指导性。

3.《提高记忆有办法》

人的大脑机能几乎都以记忆力为基础，只有记忆力好，学习、想象、创意、审美等能力才能顺利发展。那么如何才能记得更多、记得更牢、更有效地提高记忆力呢？本书帮助你找到提高记忆力的秘密，将记忆能力提升到顶点。本书针对学生如何提高记忆力进行了系统而深入的分析和探讨，并给予了切实的指导，对中小学生颇有启发意义，具有很强的系统性、实用性、实践性和指导性。

4.《阅读训练有办法》

本书以语境、语感训练为主要教学法，以日常生活中必读的各种文体、范文讲解及阅读材料的补充为内容，从快速阅读入手，帮助学生提高汉语阅读水平。学生在学习的过程中，根据实际情况选用适合自己的学习方法，定能收到事半功倍的效果。

5.《轻松作文有办法》

写作是汉语的重要组成部分，在汉语中有举足轻重的地位。人们抒发感情需要写作，总结经验教训需要写作，记叙事件需要写作……总之，无论学习、工作、生活，都离不开写作。本书针对学生如何提高写作能力进行了系统而深入的分析和探讨，并给予了切实的指导，对中小学生颇有启发意义，具有很强的系统性、实用性、实践性和指导性。

6.《课堂学习有办法》

在课堂中听课是学生在校学习的基本形式，学生在校学习的大部分时间是在听课中度过的。听课之所以重要，是因为大部分知识都要通过听教师的讲课来获取。要想学习好，首先必须学会听课。本书针对学生如何提高课堂学习能力进行了系统而深入的分析和探讨，并给予了切实的指导，对中小学生颇有启发意义，具有很强的系统性、实用性、实践性和指导性。

7.《自主学习有办法》

自主学习是与传统的接受学习相对应的一种现代化学习方式。以学生作为学习的主体，通过学生独立的分析、探索、实践、质疑、创造等方法来实现学习目标。本书针对学生如何提高自主学习能力进行了系统而深入的分析和探讨，并给予了切实的指导，对中小学生颇有启发意义，具有很强的系统性、实用性、实践性和指导性。

8.《应对考试有办法》

考试主要有两种目的：一是检测考试者对某方面知识或技能的掌握程度；二是检验考试者是否已经具备获得某种资格的基本能力。如何有效地准备考试，可分成考试前、考试中、考试后三个部分做说明。本书针对学生如何应对考试进行了系统而深入的分析和探讨，并给予了切实的指导，对中小学生颇有启发意义，具有很强的系统性、实用性、实践性和指导性。

9.《文科学习有办法》

综合文科的学习旨在帮助学生学会学习，学会分析研究人与自然、人与社会、人与自身关系中的现实问题，学会探讨解决问题的方法等，帮助学生树立终身学习的观念，在这个过程中不断培养学生的实践能力、创新意识和创造力。本书针对学生如何提高文科学习能力进行了系统而深入的分析和探讨，并给予了切实的指导，对中小学生颇有启发意义，具有很强的系统性、实用性、实践性和指导性。

10.《理科学习有办法》

理科学习要形成良好的学习习惯和有效的学习方法。总的来说，科学的学习方法可用如下歌谣来概括：课前要预习，听课易入脑；温故才知新，歧义见分晓；自学新内容，要把重点找；问题列出来，听课有目标；听课要专心，努力排干扰；扼要做笔记，动脑多思考；课后须复习，回忆第一条；看书要深思，消化细咀嚼。本书针对学生如何提高理科学习能力进行了系统而深入的分析和探讨，并给予了切实的指导，对中小学生颇有启发意义，具有很强的系统性、实用性、实践性和指导性。

11.《组织阅读科学故事》

在我们生活的各个角落，疑问几乎无处不在，而这些疑问往往能激发学生珍贵的求知欲，它能引领学生正确地认识和了解世界，并进一步探知世界的奥秘，是早期教育最为关键的环节。为了让学生更好地把握时代的脉搏，我们特此编写了这本书，该书真正迎合了青少年的心理，内容涵盖广泛、情节生动鲜活，于无形中破解学生心中的疑团，并且本书生动有趣，是青少年最佳的课外读物。

12.《培养科学幻想思维》

幻想思维是指与某种愿望相结合并且指向未来的一种想象，由于幻想在人们的创造活动中起着重要作用，在发明创造活动中应鼓励人们对事物进行各种各样的幻想.幻想思维可以使人们的思想开阔、思维开放，因此它在创造中的作用是显易见的。本书针对学校如何培养学生的幻想思维进行了系统而深入的分析和探讨，并给予了切实的指导，对中小学生颇有启发意义，具有很强的系统性、实用性、实践性和指导性。

13.《培养科学兴趣爱好》

怎样让学生对科学产生兴趣？这是很多教师都想知道的答案。想学好科学，兴趣很关键。其实，生活中的许多小细节都蕴涵着丰富的科学知识，大家完全可以因地制宜，为学生创造良好的环境，尽量给学生提供不同的机会接触各种活动。本书针对学校如何培养学生的科学兴趣爱好进行了系统而深入的分析和探讨，并给予了切实的指导，对中小学生颇有启发意义，具有很强的系统性、实用性、实践性和指导性。

14.《培养学习发明创造》

发明创造是科学技术繁荣的标志和民族进取精神的体现。有学者预言，21世纪将是一个创造的世纪，而迎接这个创造世纪的主人，正是我们那些在校学习的学生。因此，对青少年进行发明创造教育，就显得极其重要。心理学家研究表明，青少年的好奇心正是他们探索世界、改造世界、产生创造欲望的心理基础。通过开展青少年发明创造活动，鼓励青少年去发现新问题、提出新设想、实现新目标，这是培养他们的创新精神、提高他们的创造力的最好途径。

15.《培养科学发现能力》

阿基米德在洗澡时发现了阿基米德定律；牛顿看到苹果落地，最终得出了牛顿第一运动定律。在科学史上，这样的事例还有很多，它证明科学并不神秘，真理并不遥远，只要我们能见微知著，善于发问，并不断探索，那么当你解答了若干个问题之后，就能发现真理。本书针对学校如何培养学生的科学发现能力进行了系统而深入的分析和探讨，并给予了切实的指导，对中小学生颇有启发意义，具有很强的系统性、实用性、实践性和指导性。

16.《组织实验制作发明》

科学并不神秘，科学的本质在于好奇心和造福人类的理想驱使下的探索和创新。自然喜欢保守它的奥秘，往往不直接回应我们的提问，但只要善于思考、勤于动手、大胆假设、小心求证，每个人都能像科学大师一样——用永无止境的探索创新来开创人类的文明。本书针对学校如何组织学生实验制作发明进行了系统而深入的分析和探讨，并给予了切实的指导，对中小学生颇有启发意义，具有很强的系统性、实用性、实践性和指导性。

17.《组织参观科普场馆》

本书集中介绍了全国多家专题性科普场馆。这些场馆涉及天文、地质、地震、农业、生物、造船、汽车、交通、邮政、电信、风电、环保、公安、银行、纺织服饰、中医药等多个行业和学科领域。本书再现了科普场馆的精彩场景，科普场馆的基本概况、精彩展项、地理位置、开放时间、联系方式等多板块、多角度信息，全面展示了科普场馆的风采，吸引读者走进科普场馆一探究竟。本书是一本科普读物，更是一本参观游览的实用指南。通过本书的介绍能让更多的观众走进科普场馆。

18.《组织探索科学奥秘》

作为智慧生物的人类自诞生之日起就开始了漫长的探索进程，人类的发展史就是一部探索科学、利用科学史。镭的发现，为人类探索原子世界的奥秘打开了大门；万有引力的发现，使人们对天体的运动不再感到神秘；进化论的提出，让人类知道了自身的来历……探索让人类了解生命的起源秘密，探索让人类掌握战胜自然的能力，探索让人类不断进步，探索让人类完善自己。尽管宇宙无垠、奥秘无穷，但人类作为地球的主宰者，却从未停下探索的步伐。因为人类明白：科学无终点，探索无穷期。

19.《组织体验科技生活》

科技总是不断在进步着，并且改变着我们的生活，让我们的生活变得更加多彩。学校科学技术普及的目的是使广大青年学生了解科学技术的发展，掌握必要的知识、技能，培养他们对科学技术的兴趣和爱好，增强他们的创新精神和实践能力，引导他们树立科学思想、科学态度，帮助他们逐步形成科学的世界观和方法论。本书针对学校如何组织学生体验科技生活进行了系统而深入的分析和探讨，并给予了切实的指导，对中小学生颇有启发意义，具有很强的系统性、实用性、实践性和指导性。

20.《组织科技教学创新》

现在大家提倡素质教育，科学素质是素质教育的重要组成部分，学生科学素质培养的核心是培养学生的创新精神和创新能力，创新能力的培养、开发应从幼儿开始，在长期的教学、训练过程中逐步形成和发展。小学科技教学，在培养学生创新精神和创新能力中起着举足轻重的作用。帮助学生树立新的观念，主动、富有兴趣地学习新的科学知识，去观察、探索、实验现实生活乃至自然界的问题，在课内外展开研究性的教学活动等，是行之有效的。但是，科技活动辅导任重而道远，这就要求科技课教师不断探索辅导方法，不断提高辅导水平，为全面推进素质教育、实施科教兴国战略奠定坚实的人才和知识基础。

由于时间、经验的关系，本书在编写等方面，必定存在不足和错误之处，衷心希望各界读者、一线教师及教育界人士批评指正。

编者

目　录

第一章

学生科学兴趣培养指导

1. 学生科学兴趣的培养

20世纪以来，科学技术进入了有史以来发展最快的历史时期。在以相对论、量子论、DNA双螺旋结构和板块学说的提出为标志的科学革命的推动下，科学理论在深度和广度上均得到了迅猛地发展。信息技术、现代生物技术、新材料技术、新能源技术、航天技术等迅速地改变着世界的面貌，推动着社会的进步。另一方面，在科学技术与社会发展的同时，也产生了生态环境恶化、资源枯竭等一系列负面的问题，严重阻碍了社会的可持续发展。这些都对教育提出了严峻的挑战。在这样的时代背景下，笔者认为在科学课程标准中提出的核心理念——全面提高每一名学生的科学素养是非常正确、非常必要的。

在整个自然科学教学过程中，初中科学教学是青少年进入科学知识宝库的钥匙，是培养学生学习科学兴趣的大好时光，是初步学会观察事物、分析问题并解决问题的关键。学生对科学的兴趣是学习科学最直接和最持久的内部动力，对学生今后的发展至关重要。就初中学生的心理和生理特点而言，他们有着强烈的求知欲望，对各种新鲜事物好学、好问，富于幻想。但他们这种学习积极性往往与短暂的"直接兴趣"挂钩，遇到较为抽象理性的科学知识时，这些小困难便很快地使他们失去了学习积极性，最后导致初中科学教学的失败。因此，激发并稳固学生的学习兴趣，充分调动其学习积极性是每一个初中科学教师在教学过程中面临的一种挑战。

从初中科学教学这一角度来说，实验教学、教师的教学水平、教师的语言、教材的内容设置无疑是很重要的因素，它们对学生产生学习科学的兴趣有着重要的作用。下面就来谈谈在新的科学教育改革中如何培养学生的学习兴趣。

充分发挥科学实验在科学教学中的作用

实验是科学研究的重要方法，科学实验是实验者根据研究目的，运用一定的物质手段（实验仪器、设备等），主动干预或控制研究对象，在典型环境中或特殊情况下所进行的一种探索活动。科学是一门以实验为基础的学科，通过实验既能使学生深刻理解自然界中各种现象的规律或定律，又能培养学生掌握一定的实验操作技能。这些实验技能，既是他们进一步学习现代科学技术、进行科学实验和技术革新的重要基础，也是提高素质教育的一种手段。

在实际教学中存在一个问题，即学生作为实验主体，不能充分发挥主观能动性。教师往往注重教给学生实验方法，满足于观察到实验结果，而忽视了对学生实验能力的培养，这是科学实验教学中的一个病区。再者，实验中器材不足也是一个普遍存在的问题，很多学校在分组实验中都采用多人一组，很少能让每个学生自行完成整个操作过程，学生缺少自行使用的时间和空间，这些都不利于培养学生的主观性、创造性和实验操作能力。那么，在教学中怎样才能充分发挥科学实验的重要作用呢？

（1）做够实验

近年来，由于广大教师更加深刻地认识到实验教学的基础地位和重要作用，随着教学改革的深入进行，科学课的实验比例会增大，实验形式也会不断翻新，学校现有的实验仪器可能跟不上需求，特别是众多的农村中学由于资金不足，仪器原来就不够用、不够新，就应有"坛坛罐罐当仪器，拼拼凑凑做实验"的精神，因地制宜，甚至寻找替代性实验。除尽量开足课本要求的演示实验、分组实验外，还应开动脑筋设计增加演示实验，尽量把演示实验、实验习题等作为随堂实验进行探究。这样，能够在一定程度上发挥学生的主体作用，帮助学生理解概念、规律，培养观察和实验的能力，树立实事求是的科学态度，增加科学课的浓郁趣味，使学生能够真正喜欢上科学课。

（2）该放手时就放手，相信学生能做得更好

以往，有些教师在做实验前，为了节省时间，经常先详细地向学生讲解实验的过程，再让学生照着做，这样的实验结果并不是学生自己探索得到的。又如，为了实验方便，教师将所有的实验用具和物品都准备齐全，然后才让学生按照书本上的步骤进行操作，如讲到蚯蚓时，教师把蚯蚓放在盒里让学生观察，这样学生根本不能了解蚯蚓的生活环境和生活习性，对蚯蚓的认识就很有局限性。我们应该带学生到校园去亲自捉蚯蚓或让他们在课外自己捉蚯蚓、饲养蚯蚓，让学生亲自体会蚯蚓的生活环境，让他们总结如何才能捉到更多的蚯蚓，如何才能让蚯蚓活得更久。这样学生做起实验来就更有兴趣，对实验的理解更透彻，使学生在观察中获得了丰富的知识、增强了动手能力、激发了对大自然的美好情感。

教师的教学影响中学生学习科学的兴趣

教学是创造性的活动，在教学活动中教师和学生的关系是平等的。教师应营造这样一种环境：教师和学生一起以科学探究的精神，积极主动地探索、认识自然界。突出学生的主体地位，创设"人人参与"的课堂气氛，活跃学生的思维，使学生有话可说，从而启迪学生的创新思维，开发智能。创新意识的培养不仅和智力有关，还和人的个性特征有关。对于作为独立个体的学生而言，他们的思维特点和认识水平都有很大的差异，在教学过程中把学生"绑成一团"，齐头并进，这是不科学的教育观点。特别是对天真活泼、好奇敏感的初中生，如果教师语言风趣、讲解生动，就能够使学生愿意听并高度注意，能够让他们在较为轻松的环境中接受知识、增加

技能。

（1）精心设问，制造学习上的悬念，引发学生的学习兴趣

动机是个体发动和维持其行动的一种心理状态，这种心理激发得越强烈，就越能使学生的学习活动表现出浓厚的兴趣、积极的态度和高度集中的注意力，从而最大限度地发挥个人的智能潜力。不言而喻，教师精确的设问、不断地制造悬念，使学生处于情绪高涨、精神振奋的内部状态，从而有效地提高学生思辨的能力。例如，科学教材七年级上册中有关时区和日界线的知识原本是高二地理知识，对初一学生而言比较抽象，很难理解。可以这样制造悬念：小明的生日是 6 月 9 日，他想在一年内连续过两个生日，你觉得他该如何去实现呢？学生会积极替他想办法，同时渴望得到明确的答复，教师这时再来讲授日界线的内容，教学效果必会大大提高。

（2）联系生活和生产实际，体会科学知识的应用

在科学教学中，如果注意结合学生熟悉的生活、生产实际，提出与教学有关的问题让学生去思考，往往能激发起学生的兴趣。例如，讲"水的三态变化"时可以提出这些问题：当你从游泳池里上来，如果没有用毛巾擦干身上的水，你会有什么感觉？水烧开了，如果继续烧，温度会上升吗？水煮沸后，有大量的水蒸气从壶嘴冒出，这些"白气"是水蒸气吗？……带着这些问题去学习，学生必然会产生兴趣，从而达到提高课堂效率的作用。而课后又是课堂的延伸，结合科学教学的内容，根据学生的年龄特点与心理特征，开展丰富的课外活动、小实验、小制作，这也是发展兴趣的好形式。

（3）充分运用多媒体辅助教学系统

利用文字、图形、声音、动画和视像等多种技术组合而成的信息系统称为"多媒体系统"。在中学科学中，讲授一些抽象的概念、瞬间发生的自然现象及复杂的物体内部结构时，由于受时间、空间等

条件的限制，单纯语言、仪器、教具等传统媒体都难以实现教学目的。多媒体辅助教学将视觉和听觉等同时作用于人的感官，能提高课堂教学的效率，有效地影响学生的学习态度和情感变化，使学生受到潜移默化的影响和美的熏陶。例如：将对星空现象的观察，流星的形成、月相变化及日食和月食的形成、火山地震的爆发、竹节虫在竹节上和尺蠖在树枝上的拟态等知识利用电脑制成课件，让学生能够直接观察到。这些生动有趣的自然现象吸引了学生的注意，使学生学习兴趣大增，从而在兴趣和娱乐中培养了学生的观察能力、思维能力和总结概括能力。如果教师不去找素材（录像），光是按照课文干巴巴地给学生讲一遍，学生一点兴趣也没有，那效果远远不如看录像好，录像内容动态感很强，既生动直观，又形象、易理解，同时也便于学生掌握和记忆。多媒体辅助教学是现代教育发展的趋势，它有利于学生认知水平的提高，有利于对学生能力的培养和素质教育。

（4）把握学生心理动态，及时给予鼓励

兴趣是一种伴随着注意而引起的从事学习的积极倾向和感情状态，是发展智能、激发学生主动学习的催化剂。兴趣是带有情绪色彩的认识倾向，在科学学习中，如果学生获得成功，就会产生愉快的情绪，若反复多次，学习和愉快的情绪则会建立固定的联系，也就会形成越学越有兴趣、越有兴趣就越想学的良性循环，在实际教学当中要时时刻刻抓住学生的成功之处给予适时鼓励，如巧妙地运用语言激励：对一般学生可用"书写认真""解法巧妙""见解独解"；对基础较好的学生可进一步用言语刺激——"你还有其他方法吗？""你还有更好的方法吗？"，这样可使兴趣持久。

科学教材内容设置的趣味性

面对现今科学教育改革的必然，如何选择初中科学教材并能十分有效地组织表达出来，这的确是个需要认真研究的问题。现行的初中科学教材比较符合青少年认知特点，也取得了良好的教学效果。任何事物都在发展，都需要不断地完善，现行初中科学教材也是如此。应该进一步使初中科学教材更符合青少年的心理与生理特点，更显示出科学可行、自然有趣的特点来，让每一位初中科学教师能够在教学过程中事半功倍。为此，笔者认为现行科学教材要面向全体学生，降低难度，并增加趣味性。

总之，在教学活动中，学生是学习的主体，科学教学必须从学生的实际出发，激发他们的学习兴趣。激发学生的学习兴趣，就是要把教学大纲对学生学习学科知识的要求，转变为学生求知的欲望。教师要根据中学生思维活跃、情感丰富、求知欲强的特点，运用恰当的教学方法，充分调动学生思维的主动性和积极性，从而提高科学教学的效果。

2．教师对学生的科学指导

教育学家孔子说过："知之者不如好之者，好之者不如乐之者。"可见，培养学生的科学兴趣是使学生学好科学的重要手段，兴趣是一种求知欲，是学生探究知识的动力，能够激起学生的积极性和主动性。学生一旦唤起求知欲，所有问题便会迎刃而解，从而大大提高科学教学的质量。那么，如何激发学生探究科学的兴趣、启迪学生智慧的思维、激起学生创新的积极性呢？

巧用语言，以"乐"激趣

科学这门学科概念多、知识抽象，甚至较晦涩，学生常常会感到枯燥乏味，记忆困难。教师若照本宣科，学生觉得难学就开始厌学。那么，如何让学生由厌学转为好学呢？幽默是一种良好的教学方法。教育家斯维特洛夫说过，教育家最主要的也是第一位的助手是幽默。

如果教师上课时能深入浅出地运用幽默、富有情趣或哲理的语言，就能化枯燥无味为具体生动，化繁杂为简洁，化沉闷为轻松，使学生在愉快的气氛中牢固地掌握知识。课前，教师要进行自我心理调整，这样在课堂上才能讲得有声有色，才能带着愉悦的心情传授知识，从而使学生受到感染。

事实表明，教师风趣的语言艺术能赢得学生的喜爱、信赖和敬佩，从而对学习产生浓厚的兴趣，即产生所谓"爱屋及乌"的效应。教学生动风趣，能活跃课堂气氛，加深学生对知识的记忆。

例如，在讲势能时，可向学生说："当天花板上有一根羽毛向你头顶落下时，你将怎样？"学生肯定会说："这有什么可怕的？"再问："若你头顶上的吊扇落下呢？"学生肯定会下意识地手盖头顶说："那还不快跑"。从而说明物体的势能和质量有关。在讲到势能和相对高度时，可以用从课桌上跳下来与从三楼跳下来做比较，肯定会收到良好的课堂效果。

适当的"调侃"是活跃课堂气氛的催化剂。教师在课前或者课中根据具体教学内容穿插一些幽默风趣的语言，可以让学生在笑声中达到对知识的掌握。学生不仅学得愉快，教师也教得轻松，何乐而不为呢。

巧引故事，以"悬"激趣

引人入胜、扣人心弦的故事常常能迅速拨动学生的心弦，击中学生学习的兴奋点，使学生形成一种急切期待的心理状态，从而极大地激发学生的求知欲。课堂上教师若能巧引故事、设置悬念，就能充分激起学生探索、追求知识的浓厚兴趣。

在教学压强的概念时，教师用富有感染力的声音抑扬顿挫地说道："那是东北地区的一个寒冷的冬天，一群孩子正在冰面上兴高采烈地滑冰，突然'扑通'一声，只听到有人喊'救命啊，有人掉进冰窟里啦！'只见一人奋不顾身地跳进了冰窟，可冰水里的人还是不能上岸，情况十分危急。这时，善良的游人赶来，手拉手组成了'人链'参与抢救，忽然，冰面又出现了裂缝，如果不立刻采取措施，后果将不堪设想……"同学们正凝神静气、鸦雀无声地听着，可教师讲到这里却戛然而止，反问道："这个时候该怎么办呢？"

此时，学生必然被充满悬念的故事情节所感染而陷入沉思，然后讨论着对策。教师继续说："这时，只听一个声音高喊'快趴下'，大家立刻全都趴下了，随后冰面也就没有继续裂开，大家仍然手拉手将落水儿童救上了岸。这是什么原因呢？"

于是，教师顺理成章地将"压强"概念引入了课堂。在课堂教学中，适时、适量地穿插一些有趣又有意义的小故事，既可活跃课堂气氛，又可激发学生的学习兴趣，使他们产生强烈的求知欲望。

趣味实验，以"奇"激趣

科学是以实验为基础的学科，实验在科学教学中的重要性不容置疑。并且，"新""奇"的实验能更强烈地吸引学生，有时还能达到引而不发、富有余味的教学之效。

在教学"光的反射和折射"中的平面镜成像时，可以通过"水淹蜡烛"的奇怪现象激发学生的兴趣：在转盘上竖直放一块平板玻璃，玻璃前放一支点燃的蜡烛，玻璃后的某一位置放一只透明的杯子。调节转盘使学生通过玻璃清晰地看到杯中也有一支"点燃"的蜡烛。往杯中倒水，当水面漫过烛焰时，发现烛焰并没有熄灭。从而引发学生的好奇心，使学生迫不及待地想要学习平面镜成像的知识。

趣味实验不仅可以增强知识的直观性，而且能使学生产生好奇心及强烈的探究心理，激起学生探索研究科学的兴趣和欲望，提高学生学习的积极性和主动性，培养学生的动手能力和创造性思维。

因此，教学中教师除了做一般的演示实验，还应多增加一些新的有趣的实验。

巧写批语，以"情"激趣

感情是消除人们心理、行为障碍最好的"催化剂"，是人们追求上进、实现目标的"加油站"。

教师与学生之间的感情联系的方法是多种多样的。"亲其师，信其道。"作为任课教师，与学生的接触时间相对较少，为了赢得学生的"感情胜任"，在批改学生的作业或试卷时巧写一些贴切、中肯的语句，也可以培养师生之情，让学生在教师的情感滋润下增加对其所教学科的兴趣。例如，有个学生头脑灵活、精力充沛、表现欲强，可做起作业来却马虎粗心。在第一次测验中，粗心的他只得了68分。教师在他的卷首特意写下了这样的批语："68分对于有些同学来说已是不错的成绩，可对你来说算不上什么好成绩呀！我相信，只要你做到'踏实'两字，你一定会取得好成绩的！"没想到，这短短的批语打动了他幼小的心灵，在第二次测试中他就拿了一个不错的成绩。

在平时的作业批改中，教师针对不同的学生写上不同的批语，如"好样的！""你有进步，很好！望再接再厉！""我觉得这道题你不应该做错，请认真审题！""这道题你解得真不错，请继续发扬！"等，给学生加油、提醒、关心，这样既可增进师生之间的感情，又可激励学生改正不足，奋发努力，提高成绩。有人说："兴趣是成才的起点。"著名教育家苏霍姆林斯基也说："所有智力方面的工作，都要依赖兴趣。"可见，兴趣对于学习多么重要，它是学生学习的巨大的内在动力。

激发兴趣是提高课堂教学效率、调动学生学习主动性和积极性、培养学生创新精神和实践能力的一种有效途径。在科学教学中，实施"激趣"教学不失为一种充满生机与活力的教学方法——使课堂教学具有趣味性、启发性、实践性、情感性，使学生在乐中学、学中乐。

当然，激发学生学习兴趣是教育教学中一个常讲常新的课题，尽管其中的方法多种多样、措施千千万万，但有一点教师必须始终把握住：激趣的终极目的是为了提高教学质量，让学生真正掌握知识，切不可为追求表面的热闹而激趣。为此，还是要铭记苏霍姆林斯基的告诫："如果你所追求的只是那种表面的、显而易见的刺激，以引起学生对学习和上课的兴趣，那你就永远不能培养起学生对脑力劳动的真正的热爱。"

3. 激发学生科学兴趣的方法

"兴趣是最好的老师"，培养学生对科学的兴趣是科学教育的心理基础。只有激发起学生对科学的兴趣，学生才能充满激情地投入各种科学探究活动，积极主动地学习自然科学知识。小学科学的任务就是使学生的这种好奇心得以保持和发展，并逐步使学生形成对科学的兴趣和探究欲。

那么，科学教师在教学实践中如何通过一定的教学手段细心呵护学生与生俱来的好奇心，充分调动学生学习科学的积极性和思维想象的热情，培养学生对科学的兴趣呢？

整合教材实现文本和学生生活的"零距离"

源于生活的才是真实的、生动鲜活的。每一位教师都要善于用发现的眼光去关注学生的生活，挖掘出源于学生生活的科学探究素材，这有利于调动全体学生参与科学学习的热情。科学课程在教材内容的选择上，鼓励教师根据学生的实际情况对内容进行调整和修改，要求教师不拘泥于教材提供的案例进行教学。科学教育要真正做到面向学生，激发学生对科学产生浓厚的兴趣和亲近感，教师就必须对教材进行有机整合，实现教学内容和学生生活的零距离。只有教师能够切实有效地把教材内容转化成贴近学生生活实际的内容，让学生去经历探究的过程，学生才会体验和感受到学习科学对自己生活的意义，发现和认识周围世界的奥妙，体会和领悟到科学就在自己的身边，从而为积极有效的科学学习奠定良好的基础。

精心设计探究导入，学会"卖关子"

俗话说："好的开端是成功的一半"。科学探究的课堂教学导入也是直接影响学生学习科学兴趣、浓厚探究氛围的重要因素。每一节科学课导入都要别有新意，让学生耳目一新。教师要精心设计与探究内容有关的小魔术、小实验、游戏等活动，也可提出一些学生感兴趣的问题，让学生一开始就有疑惑、有好奇，想质疑、想探究，激发学生探究和学习的兴趣与动机。实践证明，课堂教学导入的趣味性，会直接影响整堂课学生积极主动的探究状态。教师要学会"卖关子"，要从对学生身边事物的研究中，挖掘出学生感兴趣、有疑惑而又不易关注的自然现象，巧设悬念，让学生认识到科学与生活的密切关系，感受到科学的力量。

探究点拨有意"留一手"

俗话说："师傅领进门，修行在各人"。但在实际教学中，教师为了追求课堂教学的有序、教学环节的严谨，往往扶得太多、放得太少。久而久之，学生依赖性大增，自主探究、主动学习的意识锐减。新课程给了师生广阔的空间，所以新课程下的科学课堂也应该少给学生一些束缚，多给学生一份属于自己的探究空间。要始终让学生保持探究欲，保持学习的热情，在组织学生探究的过程中，教师实验操作演示不宜过细，不要把探究步骤讲得太明，要有意"留一手"，让学生在探究中自我发现、自我纠正、自我反思，激发学生产生不服输、不气馁的劲头，从而使学生的学习兴趣越来越浓，探究动力越来越大。

拓展延伸大胆"放一马"

科学课程的学习不是为了传授给学生多少科学知识，而是为了让学生对科学产生浓厚的兴趣，从而亲近科学，体会到科学学习对自身生活和社会发展的重要性，让他们掌握科学探究的技能，养成科学思维的习惯，培养乐于质疑的科学态度和科学价值观。因此，在每一次的探究活动完成之后，教师都应该留有一定时间和空间对探究内容适当拓展延伸，放飞学生想象的翅膀，让他们用学到的科学知识和技能，去解释生活中观察到的现象，继续发现科学在生活、生产实际中的广泛应用，大胆提出对现有生活、生产中的工具进行革新改良和创造发明。在拓展延伸的时空中让学生学以置用，让他们领悟科学技术在人类社会生活和发展中的巨大作用，引导他们大胆想象，用学到的科学发现和创造新的科技产品为人类服务，这才是科学教育的真正魅力所在。

4．多种形式激发学生科学兴趣

兴趣是人们积极认识某种事物或关心某种活动的心理倾向，具有内在的趋向性和选择性。兴趣可以直接转化为内在动机，成为推动、引导、维持和调节人们进行活动的一种内在力量。科学素养中的兴趣、情感、态度等因素与书本知识不同，不属于陈述性知识，而是程序性知识，或称为"经验知识"或"默会知识"，这类知识是学生不可能通过简单的记忆、模仿学会的。在科学课堂教学过程中若能安排好各种相关的情景与有意义的科学探究活动，组织学生参与其中、亲历过程，自主、充分地开展活动，势必会收到事半功倍的效果。那么，怎样培养兴趣、增进师生间的情感呢？下面谈谈一些做法，以供参考。

精心备好第一堂课，诱发学生学习兴趣

经过相关知识的学习和生活经验的积累，学生对身边的自然现象已经有了一定的认识，对不少自然现象的好奇正在转化为对科学的向往，他们越来越多地产生着"为什么"，试图用已有的知识去想象或找出一些问题的答案。同时他们，也怀着对自然世界的好奇心，带着许多疑惑走进科学课堂。此时，教师必须结合学生所熟悉的日常生活现象，说明科学与人类生活的密切关系；还要告诉学生，科学知识错综复杂，但有规律可循，只要认真观察和思考，每一个学生都能学好科学。总之，教师要用生动的素材和有趣的实验来营造一个良好的开端，激起学生学好科学的积极愿望。

创设激趣情境，培养科学兴趣

使学生了解科学、亲近科学、激发学生学习科学的兴趣，是学好科学的前提，但随着课程门类增多，学生学习精力分散，加之科学内容的加深给学生学习带来一定的困难，学生由初期因新奇产生的兴趣逐渐减退。面对这一不利的客观情形，科学教师要扬长避短，发挥自身的教学优势以弥补学科体系的某些不足,有意创设激趣的教学情境，诱发他们爱学、乐学的愿望，并使之转化为学会、学好科学的具体行为。

（1）言语激趣

要对错综复杂的自然现象进行辨别、分类和解释，必须借助一

系列概念、原理、公式和模型，运用精确的、肯定的、果断的、扼要的、逻辑的语言来表达。但是，过分的"术语化"和"理性化"往往使语言失去教学性，难以引导学生的思维活动正常展开。因此，用深入浅出、通俗易懂、轻松活泼、妙趣横生、有"形"有情、抑扬顿挫的语言揭示较为深奥的科学道理，能增强教学的吸引力和感染力。言语激趣不仅能调节学生的情绪和课堂气氛、陶冶情操，而且有助于学生理解教学内容。生动、诙谐的语言，极易使学生在妙趣横生的气氛中顿悟到问题的关键。教师每一个真诚、善良、会意、由衷的微笑，饱含着对学生的尊重、鼓励、赞许、支持、关怀和同情的真挚感情，学生从中获得奋发向上、克服困难、奋勇拼搏的精神力量。

（2）悬念激趣

通过悬而未决的问题情境，使学生产生对解决问题的关切心情，从而刺激学生的求知欲望。教师应围绕教学内容设计悬念，从而激起学生探究的欲望，使学生对新的课题内容更感兴趣，并做好释悬，这样使学生加深了对知识的认识，从中感受到学习科学的乐趣。例如：学习了"重力"以后，设置悬念——假如地球表面的物体不受重力的作用，我们身边的世界会怎样呢；学习了"摩擦力"以后，设置悬念——假如物体之间没有摩擦力的作用，我们身边的世界会怎样呢？让学生充分想象，以进一步激起学生探究的兴趣。

（3）实验激趣

科学是以实验为基础的学科，实验以其生动、直观、鲜明的特点，极易诱发学生的学习兴趣。但是，不少学生往往停留在由实验现象本身引起的感知兴趣上，教师在激发这种兴趣的同时，应将学生的好奇心理和愿望逐步引导到规范操作和重点观察的目标上，捕捉反映本质属性的特征现象，结合现象启迪学生的科学思维，引导学生理解概念、掌握规律，使学生在浓厚的兴趣驱使下主动地探索奥秘。

（4）游戏激趣

在讲"合力"时，组织学生开展一个游戏——撑杆游戏。以小组为单位，站成一排抬起双手与胸齐平，手心相对，五指并拢，大拇指下放，把一根长竹杆放在所有人食指处撑好，要求大家把杆子下移至地面处，然后上移至原处。在这个过程中，若谁的食指离开杆子，便被罚下，若每组被罚下三人，就判为失败。其间学生可以商议，看哪一组能在较短的时间内完成。这个游戏特别强调所有人的一致性，结果虽然每组学生都很用心，但大多数组在开始不久就把杆子举过了头顶，然后就相互埋怨。每组做完后教师借此告诉大家，合作要求有一个领导，步调要一致，不能只考虑自己；出现问题就相互埋怨，只会把问题越搞越乱，不会把问题解决好。只有在相互理解、共同探讨失败原因的前提下才能找到成功的出路。最后，教师挑选几个学生做示范，告诉大家这个游戏是可以成功的，打消学生的疑虑。这个游戏很有教育意义，学生乐于参与，认识很明确，激发了学生主动参与课堂的精神，加深了对合作重要性的认识。

（5）检测激趣

适当的测试或竞赛可以驱使学生努力克服困难，积极向上，最终获得优异的成绩。对学生而言，刚接触新课的学习，外部的刺激往往作用更大。教师、学生、家长对测验结果的肯定、仰慕或表扬，都会成为强烈的学习推动力。有经验的科学教师常常对学生更多地给予表扬和肯定。教师应学会既不伤害学生的自尊心，又能督促学生产生下决心学好科学的情感。将测验、竞赛、提问等手段与教师的期望结合在一起，使学生明确努力的目标，树立奋发向上和积极进取的信念，能够稳定学生的学习动机。

（6）幽默激趣

幽默是一种特殊情绪的体现，是一种品位素质的展示，它必须建立在成熟阅历和丰富知识的基础上。一个人只有拥有广博的知识、敏捷的思维，才能做到谈资丰富、妙言成趣。知识在于积累，要培养幽默感必须先广泛涉猎、充实自我，不断从浩如烟海的书籍，以及名人趣事、影视作品中撷取幽默的精华。当然，在幽默的同时，还应注意在处理不同问题时要把握好灵活性，做到幽默而不落俗套，真正体现幽默的魅力。

发挥情感因素，培养浓厚兴趣

情感是人们对客观事物的态度体验，具有波动性和感染性。在教学中，教师将情感传给学生，引起学生的情感共鸣，产生感染作用和激励作用，融情于学习之中。同样，学生良好的情感反馈于教师，教师受到感染，又作用于学生，从而形成师生情意交融的境界。在这种场合，任何因教学引起的心理疲劳和厌倦情绪均不存在，学是一种享受，教同样是一种享受。事实上，教学过程始终都贯穿着学生的情感活动，而积极的情感能在教师的培植下转化为对学习的推动力。相反，厌倦学习、对班级集体和任课教师冷漠、对教学内容没有兴趣等消极情感，极易削弱学生的进取心。因此，在科学教学中，必须将情感的培养纳入教学系统，通过各种途径发挥情感的积极作用。

（1）在教学内容中"植入"情感因素

教师要精心设计，有意识地"植入"情感因素，赋予教学内容情感色彩，从而激发学生对教学内容的积极情感，使学生内心产生强烈的反响、同情、激励、喜悦、惊奇等。个人深刻的内心感受，使得所注意的科学现象和记忆、理解的科学知识在这种状态下变得丰富，学习的效率更高，并形成热爱学习的积极情感。

（2）增进师生情感，师生共同成长

学生的学科情感常取决于对任课教师的喜好，古人云："亲其师，乐其友而信其道"。教师在课堂上要对每个学生抱着积极、热情、信任的态度，并在教学中让学生感受到这种态度。当学生从教师那里感受到真诚的关怀和挚爱、积极的期待和希望时，他就会有一种受到信赖、鼓舞与激励的内心情感体验，从而内心升腾起对教师的信赖和爱戴。"爱屋及乌"，由喜欢教师而喜欢他所任教的学科，从而愉快地接受教师的教诲，并努力将教诲转化为行动，从而实现教师的期望。例如，通过课下聊天，教师了解到一位学生爱看军事方面的书，便与他交流，产生共鸣。他先后三次借书给教师，教师也借给他几本他没有的，师生们就这样建立了"书友"关系，相互督促着看书。他其实是一位特别内向的学生，若不是因为借书这件事，可能教师始终不会注意到他，他也不会对科学课有兴趣。但因为有了这样的接触，他因为喜欢与教师沟通，继而喜欢科学课，也给教师提供了更全面地认识学生的机会，可以说双方都是受益人。

师生共同成长。通过课下交流，能够了解许多学生的不同特色，如声乐、器乐、绘画、外语、体育等方面的特长，以及开朗、内敛、理智、大方等性格特点。通过课上课下的情感交流，能够与许多学生建立良好的师生友情，大大促进了学生参与课堂教学的几率，激发了他们的学习兴趣。

（3）在揭示科学美的过程中培养学生美感

璀璨夺目的金刚石、五颜六色的彩虹、载人飞船遨游太空等，能使学生感受到自然界的物质形态美，并促使他们产生探求科学知识的积极情感。用简单的科学用语来描述复杂的自然现象，在简洁中蕴含着丰富的科学内涵。缜密的科学原理更有着被人类利用的美好前景。会使学生从中获得美感，滋生出一股驾驭自然的内在力量。

（4）发挥学生的主体作用，缩短师生差距

建构主义提倡一种在教师指导下的以学生为中心的教学，它既强调学生的认知主体作用，又不忽视教师的主导作用，认为教师是学生意义建构的帮助者、促进者，而不是知识的提供者和灌输者。在讲"世界因生命而精彩"时，教师可以提前给学生布置"让你感动的生命展示会"的作业，学生通过网络、图书、报纸和新闻等，每人介绍一种让人感动的生命，并说明令人感动的原因。学生会找到很多，如深海动物要承受巨大的海压和漆黑的世界，南北极动物要经受极度的寒冷和刺眼的阳光，迎客松能在石缝间求得生存，小草能在柏油路的间隙求得生存，仙人掌能在极度缺水的沙漠求得生存，残疾人能参加各种运动会，等等。这个活动能够使学生珍惜自己身边的每一种生命，让学生看到生命的顽强，从而鼓舞他们在人生道路上做生命的强者。在讲"生命需要相互关爱"时，学生会讲出许多人与动物相互关爱、母与子之间相互关爱的故事，很有教育意义。这种活动培养了学生搜集信息的能力，敢于、善于表达的能力。学生相互交流和影响，其教育效果远远胜于教师的"一言堂"。

充分利用媒体、影视作品进行教学

日食、月食、星空、运动和能等内容很抽象，用多媒体课件展示相关内容能化抽象为形象，化深奥为直观的功能，达到降低难度、提高兴趣的目的。在讲"生命的脆弱"时播放交通事故、天灾人祸的影片；在讲"关爱身边的环境"时，放电影《后天》的一些片断，让学生意识到人类不关爱身边的环境，会受到自然的惩罚，还有一些歌曲也可拿来一用。

总之，教学有法但无定法，只要围绕激发兴趣、增进情感、开发智力、培养能力这个中心而因材施教，总可以探索出许多行之有效的教学方法来培养学生的学习兴趣，为进一步达到提高能力、发展智力的目标奠定基础。

5．科学课堂中学生兴趣的培养

兴趣是指一个人要求认识某种事物或爱好某种活动的心理倾向。我国的教学家孔子在两千多年前就说过："知之者不如好之者，好之者不如乐之者"。可见，兴趣是推动学生学习的内部动力，能够激起学生学习的积极性和主动性。

兴趣不是天生的，而是在后天的生活环境和教育的影响下发生和发展起来的，而教育起主要作用。小学科学更是需要培养学生的兴趣，把枯燥无味的说教变成具有趣味性的教学活动。为了激发学生学习自然科学知识的兴趣，教师在平时的教学过程中应从以下几方面进行努力。

保护学生的好奇心，把学生的好奇心引导到学习上来

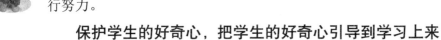

学生对大自然的好奇心正是兴趣和求知欲的萌芽，教师要很好地保护，并不断引导，使之成为学习科学知识的动机。小学生经常爱问"这是什么？""那是什么？"还要寻根觅底地追问"这是为什么？"这种由好奇心产生的认识兴趣和求知欲是十分可贵的。从自然教学出发，就能推动自然知识的学习。在这个基础上对学生进行学习目的性教育，能使他们明确学好自然科学知识的重要意义。例如，上"食物的营养"一课，讲到用碘酒检验淀粉，教师让每个学生把手指洗干净，再把碘酒涂在手指上进行消毒，随后让每个学生把饭粒放在桌子上摆整齐，奇怪的事情发生了。有学生报告，饭粒变脏了，手指也变脏了。饭粒和手指都出现了蓝黑色，这是怎么同事？此时此刻，同学们都产生了奇妙的感觉，要研究的问题竟是如此奇妙，还能不情绪高昂，精

神振奋？

演示实验与游戏是激发科学兴趣的直接手段

既能激发兴趣又能直接切入主题的捷径是围绕课堂教学核心所创设的演示实验。例如，传统的"喷泉"实验的演示，能使学生的好奇心、求知欲如喷泉般喷薄而出。又如，教学"茎的输水作用"时，简便易行的"两色花"实验能迅速激发学生的情感，使学生产生浓厚的兴趣，此时教师发给学生一些红墨水，学生会主动培养出"两色花"，课堂上再来研究学生的成果，学生的积极性高，对所学知识掌握牢固。此类方法研究者较多，贵在教师精心选材。

游戏符合学生的身心特点。在自然教学中适当采用游戏的形式进行教学，学生十分欢迎，教学效果也比较好。导入新课就可以采用游戏的形式，如教"影子"时，教师先请学生猜一则谜语："你有一个好朋友，乌黑的身体乌黑的头，无论你到哪里去，东南西北跟你走"（谜底：影子）。学生猜出了很开心，就会由被动地看和听，变为主动地说和做。

学生实验与制作是发展科学兴趣的主要途径

实验和制作都是学生十分感兴趣的事。学生动手实践，有利于突破重难点；有利于学生体会知识和实践的意义，渴望更深入地探求；有利于发展学生能力。如：在学习热气球的原理时，让学生亲手制作孔明灯，并放飞孔明灯，既能使学生知道"燃料燃烧使周围空气温度升高，密度减小上升，从而排出孔明灯中原有空气，使自身重力变小，空气对它的浮力把它托了起来"的原理，又能培养他们的动手能力，同时发展学生对科学的兴趣。

运用多媒体手段激发学生的学习兴趣

随着素质教育的深入发展，多媒体已经深入各个学科的教学中，在科学教学中，电化教学可以通过声、光、图把教学内容生动形象地展现在学生面前，使学生有身临其境的感觉，有效地调动学生的各种器官，激发学生的学习兴趣，使他们学得更加积极主动。比如，教学"鸟"这一课，首先放鸟的录像，千姿百态的鸟一下子吸引了学生，使他们仿佛置身于百鸟之中，乐于跟随教师去学习鸟的知识。

科学学科的内容本身是十分生动有趣的，它包罗万象。从天上的星星到地下的宝藏，从周围生气勃勃的动植物到千变万化的天气现象。只要教师善于组织这些内容，采取适当的教学方法，就比较容易激发学生的学习兴趣。教师在激起学生的学习兴趣以后，不能停留在兴趣上面，要不断引导，把这种直接兴趣发展成为爱好自然科学，并进而成为学生的志向，把学习跟远大理想和奋斗目标联系在一起。

6．小学自然科学的兴趣教学

小学科学课程标准明确提出："小学科学课程是以培养科学素养为宗旨的科学启蒙课程。"科学素养的形成是一个长期的过程，早期的科学教育对一个人科学素养的形成起着奠基的作用。在小学阶段，儿童对周围世界有着强烈的好奇心和探究欲望，他们乐于动手操作具体形象的物体。这一时期是培养科学兴趣、体验科学过程、发展科学精神的重要时期。

科学家韦钰说，什么叫科学家？科学家就是长大的孩子。他永远存在好奇心和进取心去探索。"培养孩子的科学素养，很重要的一点就是要培养孩子对科学的兴趣。小学生如果对科学知识的学习一旦有了兴趣，就会积极主动地进行探索。许多著名的科学家，没有哪一个童年不是对自然科学充满幻想，做出许多别人认为是傻事的探索。是什么力量促使他们去探索呢？那就是兴趣。

孔子曰："知之者不如好之者，好之者不如乐之者。"皮亚杰说过，一切有成效的工作必须以兴趣为先决条件。科学兴趣就是对科学的好奇心和求知欲及由此生发的亲近科学、体验科学、热爱科学的情感。在科学教学过程中，学习兴趣的作用是多方面的，它既能作为吸引学生主动学习的教学手段，又能成为学生学习的强烈动机，促进学生紧张地、长时间地开展认识活动，也有助于学生形成稳定的个性特点。

因此，教师要充分利用科学课得天独厚的优势，让学生亲身经历以探究为主的学习活动，培养学生学习研究探索自然科学的兴趣。

创设情境，激发兴趣

布鲁纳认为，学习的内在动机很重要。学习的最好刺激，乃是对所学材料的兴趣，而不是那些来自外部的动机。

在小学阶段，学生的学习动机大都取决于对学习内容的兴趣，因为他们的好奇心强、求知欲旺盛，遇到感兴趣的问题总要弄个究竟，所以教师在教学过程中，应根据学生这一特点，选择与教学内容相关的实验，创设情境，可以促进学生产生参与科学探究的积极性，可以启发他们更加关注身边的科学，让他们更好地在生活中学科学，便于对"科学寓生活，生活有科学"的体验和理解。

学生天生就具有强烈的好奇心，但是缺乏持久性，需要教师的帮助来延续并使之演变成为探求知识的欲望和热爱科学的情感。而教师除了能够为学生提供产生好奇心的活动，更需要用自身亲近科学、体验科学、热爱科学的情感和行动来影响和感染学生，难以想象一位没有科学兴趣的教师怎么能够使学生产生对科学的兴趣。

在科学教学中，教师应从生活实际出发，运用问题情境、故事情境、活动情境、实验情境等让学生在情境中产生学习兴趣，巧妙地设疑和质疑，有的放矢地促进学生问题意识的发展，让学生主动提出有意义的问题，有机地展开教学。

苏霍姆林斯基说，使你的学生看出和感到有不理解的东西，使他们直接面临着问题，如果你能够做到这一点，你就成功了一半。例如，学习"运动与摩擦力"时，上课伊始，教师可以首先做两个有趣的演示实验寓教于乐。

教师拿出一个自制的教具"听话的小人"，演示并告诉学生："这个小人在这根绳子上可以随便移动，而且特别听你们的话，你们叫它停在哪里它就会停在哪里，相信吗？"

学生几乎异口同声地回答："不相信！"

教师把小人滑到一端拉紧绳子，竖直举起来，让小人面向学生，随着学生的叫停而一点点地"走"下来，小人果然很听话。学生看到绳子上除了有个小人其他什么也没有，感到很新奇，并且都想亲自动手试一试，也想做一个听话的小人。学生兴趣盎然，一种探索的欲望油然而生。

这时，教师趁热打铁，继续做第二个实验"筷子提米"：先将大米装进一个圆柱体的玻璃杯中，每装一次都要把杯子在桌子上敲打一下，直到装满，用左手压紧并按在米上，右手把一根木筷从两指中间竖直一次性插入，在插的过程中不能晃动木筷，用手紧握木筷，大米被提起来了。学生瞪大了眼睛直盯着看，"触景生疑"，唤起了学生强烈的探索欲望。

这时，教师便在黑板上板书"摩擦力"，使学生带着问题探索未知的活动。通过猜测，让实验现象与学生的原有认知产生矛盾，从而推动学生的思维、认知朝着更深入、更科学的方向发展。

设计实验，发展兴趣

科学最大的特点是以观察和实验的方法寻求对世界的解释，用实证的方法寻求对世界的认识。实验是科学学科课堂中最重要、最常规的一种教学方法。凡在自然环境中不易或不便于观察的现象，都可以利用实验来完成。实验能使小学生更清晰地了解自然界中发生的现象，使他们看清这些自然现象之间的联系和因果关系，使小学生也能发现科学规律，是学生亲历科学过程的一个不可替代的环节。

当然，这里的科学实验是指学生力所能及的、带有游戏色彩的实验。而那些较复杂和带有一定危险性的实验，可以由教师带领学生一起做，有的甚至只能是由教师进行演示实验。在培养学生创新精神和实践能力为重点的素质教育中，教师必须启发引导学生积极思维，自己提出观察、实验的方法，自己动手实验，通过观察实验活动，锻炼学生，提高他们的创新意识和勇于探究未知的科学兴趣。如"摆的研究"一课旨在让学生通过对一定数量的分析，揭示摆的秘密，培养学生的定量观察能力。课前学生已经观察过摆钟的摆与自己的摆，他们会联想到摆的快慢可能会与摆锤的轻重、摆绳的长短等因素有关系。

课上教师让学生先观察实验袋内有哪些材料：棉绳、剪刀、五个螺丝垫圈、铁架、秒表，以及研究摆锤重量、摆绳长度的记录表等，让学生想办法做实验来证明。虽然这是学生再次涉及对比实验，但为了保证实验结果的客观、准确，关键因素还必须强调：在实验中只能有一个条件不同，其他条件要完全相同。

当学生在制定探究方案时，教师走到他们中间，仔细倾听，引导小组成员间互相补充，并在他们遇到困难时给予必要的帮助。在弄明白应该搜集哪些数据、应该怎样实验后，学生很快进入研究状态。通过实验学生搜集了大量的数据，还进行了比较，纷纷发表自己的意见。最后，学生通过分析数据很快达成共识：摆的快慢和摆绳的长短有关，和摆的轻重无关。

这个实验结果出乎有些学生的预料之外，教师抓住机会及时引导，再次让学生实验、思考，使学生真正体验到在科学探究中要讲求真凭实据，用证据说话。对事实的尊重、对观察的依赖、对结论的谨慎、对错误的勇于修正，这些不是靠说教讲给学生，他们就可以内化的，而必须是在学生亲历了一次又一次的活动，在活动的过程中教师注意引导，让学生感悟，才能成为学生自身的科学素养。

最后，教师还引导学生用新获得的探究方法，尝试更多的活动。老师出示两个摆绳相同但是摆锤不一样长的摆，请学生预测它们的摆动快慢会怎样。这样给了学生一个反复实验的过程，同时也是验证探究结果的过程，又是一个锻炼学生观察、实践、思维能力的机会，起到了激励学生课后继续研究摆的浓厚兴趣。

运用现代教育技术，提高兴趣

小学科学课程标准指出："在一切有条件的地方，科学课程的教学应尽可能地运用现代教育技术。"随着科学技术的发展，现代教育技术为今天的教学开拓了广阔的天地，为学生提供了更多的高质量的科学信息，为教师提供了更多样、更先进的教学手段，同时也进一步加强了学生学习科学的兴趣。

但是，现代教育技术的运用不是为用而用，它代替不了学生的亲自体验，不能用它取代学生可以直接感知的活动，否则不利于学生科学素养的培养和发展。我们要以教材为中心，充分运用包括网络

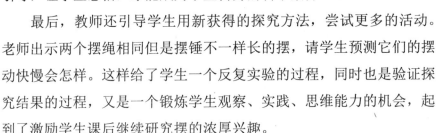

在内的现代教育技术，充分利用丰富的网络资源服务于学生的科学学习。

现代教育家斯宾塞强调：教育要使人愉快，要让一切教育都带有乐趣。例如，在教学"动物的繁殖活动"接近尾声时，教师可介绍当今最先进的科技成果，相信学生对多利羊的诞生及有关克隆方面的知识会很感兴趣。如何帮助学生感知和理解有关克隆的新知识、新信息，老师运用直观的无性繁殖的课件和多利羊诞生的课件的演示，既能通过生动形象的画面帮助学生了解多利羊的出生过程，培养学生科学的思维方法，又节省时间。

好奇和惊讶的态度是提高科学兴趣的必要条件，教师要充分利用这一点进行拓展延伸来满足学生对知识的探求欲望，培养他们对生命的珍爱。关于克隆技术对人类的影响，学生也有自己的观点，随机播放一段著名科学家对克隆技术的评论录像，让学生能够辩证地看待问题，认识到任何技术要利用它积极的一面为人类服务，有效控制它的消极面，人类就将不断进步。

其实，学生随时都在动脑筋想问题，很想知道自然界中的很多奥秘，如果我们能沿着学生提出的问题，去发展教材，会给我们的科学课找到很丰富的课程资源，他们会感受到极大的乐趣。例如，录像、动画、投影等现代化教学手段的使用，使科学教学具有更高的效率。尤其是某些事物和现象的运动、变化和发展过程，如登月活动、月地运行等现象或只能借助显微镜或望远镜才能观察到的现象，以及如植物的生长、野生动物的生活等日常生活中不易见到的事物和现象，借助电视、电影的帮助，可以清楚地呈现在学生眼前。

此外，还可以利用慢镜头放映种子的萌发，使人们需要很长时间才能见到的现象，在几分钟内复现出来，形象地展现于学生面前。

网络资源是学生学科学的重要知识源泉。学生有目的地在科学网站上搜集信息也是一种重要的自学方式。首先，在学生查找科学资料的过程中，教师要有意识地培养他们正确的学习态度，使他们知道知识产权问题。其次，要引导学生养成严谨的学习习惯，学会主动思考，认识到网络上珍宝与瓦砾并存，学会借鉴与甄别。此外，网上的超链接容易使学生"迷航"，教师还要提醒学生不要去搜索与之无关的内容，而要为共同的主题收集资料。这样不仅锻炼学生搜集信息的能力，增强学习信心，而且可以大大提高学生的学习兴趣。总之，现代教育技术在小学科学教学中，对于培养学生的科学兴趣发挥着不可替代的作用。

美国心理学家布鲁纳说："学习最好的刺激是对所学学科的兴趣"。在科学课教学中，我们要细心呵护学生与生俱来的好奇心，丰富学生的生活，引导他们迈进奇妙、神圣的科学殿堂，放飞探究的心灵，像科学家那样"真刀真枪"地做科学，让科学课堂焕发出生命活力！要精心选择、压缩、改编那些对于人类而言已经认识，而对儿童而言是未知的、经典的"再次认识过程"，让学生去经历、体验。让课堂教学进入苏霍姆林斯基所捕绘的"学生带着一种高涨的、激动的情绪从事学习和思考，对面前展示的真理感到惊奇甚至震惊，学生在学习中意识和感觉到自己的智慧力量，体验到创造的快乐，为人的智慧和意志的伟大而感到骄傲"的境界。科学课教师是知识、技能的传播者，又是学生科学素养形成的塑造者。我们要为自己的科学素养寻求一个坚实的基础，要不断地努力提高自身的科学素质以胜任培养学生科学素养的重任。

7. 小学科学教学的兴趣培养

激发学生学习自然科学知识的兴趣，可以从以下几方面努力：

（1）创设"问题的情境"能激发学生的学习兴趣

给学生提出一定的问题，使他们不能单纯地利用已有的知识和习惯的方法解决面临的问题或事物，从而激起学生渴求知识的需要。例如，在教"水域的污染和保护"这一课时，教师让学生观看干净的小溪、沟渠、湖泊慢慢变黑、变脏的影片，然后提出这些是谁造成的、我们应该怎样做？这样一步一步来启发学生。

（2）采用实验的方法引起学生的兴趣

在自然教学中，我们可以设计出许多容易使学生产生兴趣的实验。例如，教师演示"热喷泉"的实验：在一只盛有少量红水的烧瓶上塞上带玻璃管的瓶塞，玻璃管直插瓶底，教师将烧瓶放入热水中，瓶里的水立刻从玻璃管中喷出，就像喷泉一样。学生看了实验感到十分新奇，迫切想知道这是什么道理。

（3）通过实践活动提高学生的学习兴趣

"实践出真知。"在自然教学中，我们也可以设计许多容易使学生产生兴趣的实践活动。例如，在讲凸透镜（放大镜）聚焦实验时，带学生到操场，用凸透镜对准太阳，将光聚焦一点在纸上，纸便燃烧起来。在这样的实践活动中，学生兴趣盎然，很容易就记住了知识点。

总之，激发学生学习兴趣的方法多种多样，只要教师不断加强自身素质，在教学中多琢磨，根据学生的实际采取不同的教学方法，因材施教，就能充分调动学生学习自然科学的兴趣，从而提高学生的能力。

8. 中学自然科学的探究教学

自然科学开展探究教学的必要性、可行性

当今时代，不再以拥有知识量的多少作为衡量一个人素质高低的唯一尺度，关键是创新能力的高低，因此在学校教育中，培养学生的创新精神和实践能力就成为素质教育的重要价值取向，传统的"一言堂"式教学过程，验证性实验教学是将所有的知识精细讲解之后，灌输给学生，让学生去应试，这势必会抑制学生的主动积极思维、探究问题的能力。实践证明，课题探究教学更有利于培养学生思考的习惯，激发学生的创新意识、开发学生学习的创新潜力，全面提高学生的科学文化素养，拓宽学生获取信息的渠道。

自然科学涉及物理、化学、生物、环境、地理等知识领域，是一门以实验为基础的实践性与理论性很强的学科。对其运用探究教学具有较强的可操作性。自然科学的课本中有许多实验和新课知识，可作为探究的课题去开展探究教学，只要教师根据教材目标，以探究性的视角去挖掘教材中的探究因素，通过整合增减、换序、新编的方法确定探究课题，设置情境问题，诱导学生主动学习、观察、探究、交流、寻找问题的答案，对问题做出完满的解释，让他们在课堂、课外直接参与并体验知识的获得过程，让他们感到成功的快乐，这样不仅提高了他们学习这门课的学习兴趣，而且还培养了科学探究的能力，所以开展自然科学的探究性教学活动成为初中自然教学的必然趋势。

注重以实验为手段的科学探究教学

实验是自然科学的基础，也是学习自然科学的基础，在自然教学中采用实验探究教学是培养学生研究性学习的重要手段。

（1）挖掘实验探究点，优化实验设计

在现行的自然科学教材中，有关物理、化学、生物的实验大都是验证性实验。实践证明，验证性的实验不利于培养学生的创新能力。而实施探究实验教学不仅能够培养学生对实验的兴趣，而且能够提高学生的实验能力和创新精神。实施实验探究教学，教师必须有创新精神，努力挖掘可供探究的实验素材，据教学目标与学生的认识水平，对现行的实验内容"动动手术"，做些调整。教师可以将一些验证性实验改成探索实验来教，将一些演示实验改作学生实验，也可适当改变教材中实验设计的某些环节，使之呈现为一种"变式"，以便激发学生的实验兴趣，激活学生的思路，以完善学生的实验能力。例如："用电流表测电流"的实验就可改为"研究串并联电路中各部分电流之关系"；物质的特性中的"密度"一节，可将"密度的测定"这一验证性的演示实验变为探究实验教学。下面是对"密度"一节的教学思路：

上课时，教师首先给学生设置情境问题："两个相同的烧杯分别装入相同体积的水和酒精比较，哪一杯质量大？"再让学生把它们同时放入已调节好的天平上，让学生观察天平是否平衡，结果天平向盛水的一边倾斜，为什么？然后让学生共同讨论，提出各种猜想。比如，相同体积的不同物质，其质量是否相等？相同体积的同种物质，其质量是否相等？……接下来，把学生分成4个大组，若干小组，第一组测若干杯体积不同的水的质量与体积，第二、三、四组分别测若干个体积不同的铁块、铜块、铝块的质量与体积，要求各小组先设计实验方案、表格，然后选取实验材料做实验，收集证据，整理后填在表格中，分别计算出水、铁、铜、铝四种物质的质量与体积之比值；再通过同学之间的交流与合作，讨论并归纳出：不同物质的质量与体积的比值是不相等的，相同物质的质量与体积之比值是相近的或相等的。最后，教师总结指出：物质的质量与体积之间的比值是恒定的，它反映了物质的一种特性。从而顺势提出"密度"的概念。这样，整节课在教师的指导下，通过学生自己去摸索、寻求，让事实说话，不仅帮助了学生理解密度概念的本质，更重要的是培养了他们的探究思维方法。

"变式"的方法可以有多种，其灵活度可由教师把握，如教"植物细胞的吸水、失水实验"，教师可早一天布置学生在实验室利用课余时间，据教师提供的实验要求（分几个小组，容器、材料各组不一）让他们自己设计实验并完成分组实验，第二天在课堂上，教师引导学生展开讨论，通过比较、分析，让学生领略到"课本实验方法不是探究的唯一途径"的实际意义，从而开拓学生的思维，使学生树立创新意识。此外，初中自然课可供探究的实验素材还很多，如化学方面的"盐的性质""化学反应中的质量守恒"等。

（2）设计综合、开放性实验，培养学生的发散思维

在实验探究教学中，引导学生综合学科知识，设计综合实验、开放性实验，有利于培养学生的综合分析能力，培养学生的发散思维及探究、创新能力。例如，让学生据所学的化学知识与植物知识，设计一个"研究植物呼吸作用"的实验，于是有些同学用黑色塑料袋、绳子、吸管、试管、澄清的石灰水来设计实验，有些同学则用烧杯、燃烧的蜡烛代替澄清的石灰水和试管。

口瓶中一株植物，瓶口紧塞并通过导管与盛有澄清石灰水的试管相通，把装置放在暗处。此实验要求学生把植物学知识与化学知识综合起来，用化学原理：

$$CO_2 + Ca(OH)_2 = CaCO_3 \downarrow + H_2O$$

分析得出植物呼吸作用产生 CO_2 的结果。教师也可以设计一些实验课题，让学生寻找多种解决方法以尝试。例如，以"辨别食盐水和纯净水的"实验作为探究课题，要求学生根据所学的知识，寻找多种实验途径辨认，结果学生设计出五花八门的实验：

①有从物理测"P"法；

②据浮沉条件，设计鸡蛋的浮沉来判别；

③用化学方法，加入 $AgNO_3$ 溶液产生 $AgCl \downarrow$ 辨认食盐水；

④用蔬菜、萝卜的细胞吸水、失水实验等。

然后，教师归纳，比较每种方法的优缺点，寻找最佳方案。

像这样通过多学科的知识联系，多种实验方案的设计，能让学生的创新思维的多向性得到充分发挥，综合能力不断提高。

可见，通过探究性实验教学，让学生自己去摸索、探求，让事实说话，进行认识的自我调节，可以把学生对事物的好奇、兴趣、操作及了解外界事物奥秘的欲求转化为掌握知识技能的一种内驱力，并可培养具有创新精神和动手实验能力的高素质学生。但是，实讲教学在整个教学计划中只占一定比例，学生还要学习自然科学的系统知识，所以探究教学不应局限于实验教学。

注重以逻辑推理为主体的探究教学

现代的课堂教学应以学生的探究性学习为主，教师必须在课堂上摆正教师与学生的关系，以免出现"一言堂"教学。只要教师肯钻研教材，教材中的许多内容都可改为探究材料。只要教师备课时，根据教学目标精心设计问题，组织教学材料，设计教学策略，让一堂课变成学生的一个发现—探究—推理—判断的过程，即让学生自己去体验知识获得的过程，这就是一种探究式教学。

例如，在第二册"血液"一节的新课中，教师先把本课的教学目标以学生熟悉的生活现象导入问题："平时割破手会流血，人就有点紧张，如果大量失血，就会危及生命，为什么血液如此重要？"这一设问不仅引起学生对"血液"的探究欲望，而且使学生明白了本节课要讲的是关于"血液"的知识，其重点是血液的功能，让学生有目的地寻求答案。接着出示 2 支装着血液的试管（1 支是加入抗凝剂未分层的血液，另 1 支是加入抗凝剂已分层的血液），让学生观察判别，鉴于学生对血液的理解，学生只能识出 1 支是血液，然后教师道明 2 支都是，为什么都是血液会不同？这说明了什么？学生马上被一连串的问题所吸引，强烈希望追寻答案，这样教师便顺理成章地引入"血液的组成"这部分内容，学生通过对 2 支量筒中血液的比较和对分层血液的观察，知道血液的成分不都是红色的，而是分出了三层不同颜色的成分：淡黄色半透明的血浆、白色的白细胞和血小板、红色的红细胞。

当讲到"血红蛋白的特性，动脉血和静脉血的区别"时，教师让学生观察一块凝固的血块，问学生："血块里面的颜色与表面的颜色是否相同？为什么？"学生的答案五花八门。随之，将血块切开，演示血块里面的颜色（呈暗红色）和表面的颜色（呈鲜红色），再引导："血块里面和外面所处的环境有什么不同？"学生从事实中受到启发就可把氧和血液的颜色联系起来，再讨论其成因，推论出这是由血红蛋白的特性所决定的，并理解了动脉血和静脉血的概念及区别。这样，在整堂课中，随着知识点的转移，通过教师的层层设问，引导学生发现问题，通过阅读、观察、分析、推理再解决问题。学生的思维在教师的引导下始终处于兴奋、积极的状态，结果重点变得深刻，难点变得易懂，教学效果比原来的大有提高。

然而，在知识更新速度加快的今天，使学生学会学习已成为教育的一个目标。"授人以鱼，不如授人以渔"，所以教师在教学中要注意从具体的事实出发，引导学生去认识学科的基本事实、基本概念、基本原理，培养学生归纳、综合知识的能力。在教学中，教师还要注意以自然科学知识为载体，精心组织材料，使学生熟练掌握如何查阅资料，综合运用图表等信息进行归纳、比较，抓住关键，通过逻辑、推理、自主地得出正确结论，为培养发展性的人才打下良好的基础。

注重课堂探究与课外活动紧密结合

科学教学应当是开放的，培养学生的科学素养仅仅靠课堂教学是不够的，课外活动是课堂教学的延伸，开展课外活动不仅拓宽了学生的知识面，活化了知识，使学生掌握了研究问题的科学方法，同时也提高了学生的思维能力与实践能力。因此，教师要根据教学、学生、校内外的实际情况开展各类课外活动，将课堂教学与课外活动紧密结合起来，使探究教学更加完善。例如，根据所学知识在教师的指导下，学生回家做一些生活小实验：

①用 pH 试剂测定家庭中的食盐水、肥皂水、茶水、食醋的 pH 值，以及测定土壤的 pH 值；

②让学生回家指导家长合理施肥、浇花、移栽植物等；

③除去热水瓶的水垢；

④熟悉家庭电路，换接保险丝等。

也可以组织部分对自然特别感兴趣的学生结合日常生活和社会实际选择研究性课题进行研究性学习的实践。这样学生在完成家庭小实验、研究课题的过程中，可以体会到失败与成功，领略了获得成功的喜悦。同时，可将学生的课堂知识与实际生活联系应用，提高了他们对生活奥秘的探究兴趣，为培养将来进行科学研究的创新人才打下基础。

总之，探究是一种多侧面、多形式的活动。初中自然的探究教学可以通过各种形式，不断地启发学生思考，调动学生的学习热情，充分发挥其主体性，通过自己的努力去解决一个个问题，翻越一个个知识高峰，达到真正理解和掌握知识的目的，使教学质量有效地得以提高。同时，探究教学使学生的思维得以拓展，为培养具有高素质的创新人才打下坚实的基础。

第二章

学生数学科学兴趣培养

1. 奇妙的"0.618"

让一根很普通的细橡皮筋发出"do re mi"的声音并不难：把它拉紧，固定住，拨动一下，就是"1"，然后量出其长，作一道几何题——把这条"线段"进行黄金分割，可以测出"分割"得到的两条线段中较长的一段，约是原线段长度的0.618倍。捏住这个点，拨动较长的那段"弦"，就发出"2"；再把这段较长线段进行黄金分割，就找到了"3"，以此类推"4、5、6、7"同样可以找到。

什么是黄金分割呢？把一条线段分成两条线段，使其中的较长线段是原线段与较短线段的比例中项，也就是说使较长线段的长的平方等于原线段与较短线段的长度的乘积。这就叫作把线段黄金分割。通过计算可知，较长线段与原线段之长的比值约为0.618。正是这个奇妙的0.618，使琴弦发出准确而清纯的音响。

0.618，意味着美，意味着和谐。

你从电视中见过碧水轻流的安大略湖畔的加拿大名城多伦多吗？在这个高楼大厦鳞次栉比的现代化城市中，最醒目的建筑就是高耸的多伦多电视塔，它气宁轩昂，直冲云霄。有趣的是嵌在塔中上部的扁圆的空中楼阁，恰好位于塔身全长的0.618倍处，即在塔高的黄金分割点上。它使瘦削的电视塔显得和谐、典雅、别具一格。多伦多电视塔被称为"高塔之王"，这个奇妙的0.618起了决定性作用。

与此类似，举世闻名的法兰西"高塔之祖"——埃菲尔铁塔，它的第二层平台正好坐落在塔高的黄金分割点上，给铁塔增添了无穷的魅力。

气势雄伟的建筑物少不了0.618，艺术上更是如此。舞台上，演员既不是站在正中间，也不会站在台边上，而是站在舞台全长的 *0.618* 倍处，站在这一点上，观众看上去才最舒适。我们从所熟悉的"维纳斯""雅典娜"女神像及"海姑娘"阿曼达等一些名垂千古的雕像中，都可以找到"黄金比值"——*0.618*，因而作品达到了美的奇境。达·芬奇的《蒙娜丽莎》、拉斐尔笔下温和俊秀的圣母像，都有意无意地用上了这个比值。因为人体的很多部位，都遵循着黄金分割比例。人们公认的最完美的脸型——"鹅蛋"形，脸宽与脸长的比值约为 *0.618*。如果计算一下翩翩欲仙的芭蕾演员的优美身段，可以得知，他们的腿长与身长的比值也大约是 *0.618*。另外，人体躯干的宽、高比值也是 *0.618*。一个个奇妙的 *0.618*，组成了人体的美。我国一位二胡演奏家在漫长的演奏生涯中发现，如果把二胡的"千斤"放在琴弦某处，音色会无与伦比的美妙。经过数学家验证，这一点恰恰是琴弦的黄金分割点：*0.618*！黄金比值，在创造着奇迹！

偶然吗？不，在人们身边，到处都有 *0.618* 的"杰作"：人们总是把桌面、门窗等做成宽与长比值为 *0.618* 的长方形。

在数学上，*0.618* 更是大显神通。华罗庚推广的著名的优选法中就涉及"*0.618* 法"，并以大量事例启迪人们去认识这奇妙的黄金分割律。

0.618，这美的比值，广泛地体现在人们的日常生活中，与人们关系甚密。*0.618*，奇妙的数字！它创造了无数的美，统一着人们的审美观。爱开玩笑的 *0.618*，又制造了大量的"巧合"。在整个世界中，无处不闪耀着 *0.618* 那黄金一样熠熠的光辉！

2. 韩信点兵

在汉朝，大名鼎鼎的韩信是路人皆知的大将军，深得刘邦的器重。

韩信原来效力于项羽手下，但并不为项羽所重用。就在韩信觉得自己的才华无法施展，心里闷闷不乐的时候，刘邦的谋士萧何看出了其中的奥秘。萧何深知韩信熟读兵书，足智多谋，很善于用兵打仗。他竭力向刘邦推荐韩信，于是不久，韩信经过一番曲折，投到了刘邦的账下，成为刘邦的大将军。后来，韩信果然不负众望，接二连三地取得了几个大战役的胜利，为刘邦夺取江山立下汗马功劳。

有一次，韩信去校场清点兵马。士兵整整齐齐排好队，鲜艳的旗帜迎风招展，等着韩信到来。这时，韩信身披战袍，好威风，昂首阔步登上点将台。随从站在边上，听着韩信发令。

韩信胸有成竹，手执令旗，调遣军队。只见韩信"呼啦啦"把旗一挥，发出信号。士兵的队形马上发生了变化，排成 3 列横队，前后对得整整齐齐。韩信默默记下了不足 3 人一排中余下的人数。接着，韩信的令旗又一挥，士兵排成 5 列横队，每 5 人一排对齐。韩信又记下最后一排不足 5 人的数。最后，韩信再变一次队形，把整个军队变成 7 列横队，每 7 人一排对齐。韩信再数了不足 7 人一排中的人数。韩信就根据这三个数，算出缺席士兵的人数，看上去很容易，很快就完成了。

不过，随从心里有点纳闷，这样真行吗？有一位冒失者就问道："大将军，您已经点清了吗？"

"不错，有何疑问？"韩信回答。

这位随从把韩信的答案拿来一对，确实不差，于是接着问："请问大将军是怎样点兵的？"

"这不是我韩信的发明，你去仔细读读《算经十书》这本书就知道了。"

这位随从后来发现，《算经十书》中的《孙子算经》中确实有一道题，与韩信点兵的方法相同，大致意思是这样的：

有一堆东西，个数不知道。不过，三个三个一数，剩两个；五个五个一数，剩三个；七个七个一数，剩两个。请问一共有多少个？

这个问题的解法在书中也有详细的阐述。后来，欧洲人高斯也发现了类似的定理，但要晚 1 000 多年。人们把这类问题称为"中国剩余定理"或"孙子定理"。中国古文明的火花闪烁出夺目的光辉。不仅如此，明朝数学家程大位还编出一首歌诀，通俗易懂：

三人同行七十稀，

五树梅花廿一枝，

七子团圆正半月，

除百零五便得知。

这首歌诀的意思是：把除以 3 的余数乘 70，把除以 5 的余数乘 21，把除以 7 的余数乘 15，然后全加起来减去 105 的倍数或加 105 的倍数。

这类问题的应用很广，就是在电子计算机的设计中用得到。

3. 棋盘上的奖赏

这是发生在国际象棋棋盘上的一个故事。

说到国际象棋，你可能还不知道是个什么样子，这不要紧。要弄明白这个故事，根本用不着懂得下棋，只要知道这种象棋的棋盘是四方形的，上面画着 64 个小方格就行了。

传说，这种国际象棋是印度宰相西萨·班·达依尔发明的。国王舍罕知道后非常赞赏，就把宰相达依尔召到面前，说：

"老爱卿，你以自己的聪明才智发明了这种变化无穷、引人入胜的游戏，我要重重地奖赏你。"

宰相达依尔跪倒在国王面前，说："陛下，您的恩赐，臣万分感激。"

国王说:"我可以满足你最大胆的要求,只要你能想到的,你就可以得到。"

宰相不做声,低着头沉思。

"不要害怕!"国王鼓励说:"说出你的愿望来吧,我会使你满意的。"

"陛下,"宰相说,"那就请您在棋盘的第一个小格内赐给我 *1* 粒麦子吧。"

"什么? *1* 粒麦子?"国王感到非常意外,惊讶地问。

"是的,陛下,*1* 粒普通的麦子。"宰相说,"请在第二个小格内赐给我 *2* 粒,第三个小格内赐给我 *4* 粒,第四个小格 *8* 粒,第五个小格 *16* 粒,照这样下去,每一小格是前一小格的 *2* 倍。把摆满棋盘 *64* 个小格的所有麦子赏赐给你的仆人吧!"

"竟是这种愿望!你不是在开玩笑吧?"国王有些生气了。他觉得这种要求是对国王财富的一种蔑视。他便用一种讥讽的口吻说:"老爱卿,这种要求大概你不会怕我满足不了你吧?"

当时就叫侍从扛来一口袋麦子。

特殊的发奖仪式开始了。国王亲手在第一小格内放了 *1* 粒麦子,在第二小格放了 *2* 粒,第三小格放了 *4* 粒,第四小格放了 *8* 粒。然后就很扫兴地离开了,叫侍从代替他,并嘱咐说:"填满方格,给他送去就行了。"

老练的侍从没有急着一格一格地去放麦粒,而是先计算了计算,看看总共需要几口袋。

数目计算出来了。这个数,竟把侍从吓呆了。他赶紧去报告国王。

"国王陛下,我已经准确地算出了宰相要的麦子数量,这个数目大到……"

"不管这个数目有多大,我的粮仓是绝不会空的。"国王骄傲地打断侍从的话说，"我答应的赏赐，要一粒不少地给他。"

"这是绝对不可能的，陛下！"侍从说，"宰相所要求的，不仅您所有粮仓的麦子不够，就是把全世界的麦子都给了他，也相差太远太远了。"

"能这样吗？你是不是算错了？"国王怀疑地说。

"一点不错，陛下，这是千真万确的！"接着，侍从便算给国王听。

宰相达依尔要求赏赐的麦子是多少呢？通过计算才知道，这需要：

$1+2+2^2+2^3+2^4+\cdots+2^{62}+2^{63}$

$=18\ 446\ 744\ 073\ 709\ 551\ 615$（颗麦子）

1 立方米麦子约有 15 000 000 粒。照这样计算，国王就得给宰相 1 200 000 000 000 立方米的麦子。这些麦子比全世界两千年生产麦子的总和还多。假如造一个高 4 米、宽 10 米的粮仓装这些麦子，这个粮仓就有 30 000 000 千米长，能绕地球赤道转 700 圈，等于地球到太阳距离的两倍。

国王哪有这么多的麦子呢？他的慷慨的赏赐，成了欠宰相达依尔的一笔永远也还不清的债。

国王舍罕，万万没有想到，从 1 粒麦子开始，两倍两倍地增加，只在 64 个小格内就变出那么大的一个惊人的数目。宰相的智慧超出了国王的想像力。尽管国王满口答应一定要满足宰相提出的任何要求，但是无论如何，国王也是拿不出那么多麦子的。

这使国王大伤脑筋，终日心事重重，一筹莫展。心想：这笔奖赏肯定付不清了。

这件事让一个教师知道了。他赶到京城，求见国王说："陛下，听说为了棋盘上的奖赏您正左右为难，闷闷不乐？"

"你既然已经知道了，就不需要我再重复了。"国王说。

"解决这个问题就像 1+1=2 那样简单，陛下怎么叫它给难住了？"

教师说得轻松而有把握。

"那就说说你的办法吧！"国王态度仍然很冷淡。

"按照陛下答应的条件，宰相要求多少奖赏，您丝毫不打折扣地付给他就行了，这有什么难处？"

"你是荒唐，还是无知？"国王被这"没头脑"的建议激怒了，"我能把全世界两千多年生产的麦子都搬来给他吗？"

"那倒不用。只用你粮仓里的麦子就足够了。"

"什么？只用我粮仓里的麦子就够了？"国王像是没听明白，重复地问了一句。

"事情很简单！"教师说，"宰相在棋盘上要求多少麦子就赏赐给他多少，然后把粮仓打开，让宰相自己一粒一粒数出那些麦子就行了。"

这可是国王没想到的，他不再放声，默默地听教师说。

"假设每数一粒麦子需要一秒钟的话，一昼夜 24 小时是 86 400 秒。也就是说，宰相在第一昼夜能数出的麦子是 86 400 粒。数十昼夜还数不到 100 万粒。照这样连续不断地数，一年才能数完 2 立方米的麦子。数上 10 年，才能数出 20 立方米，数 100 年，也只能数出 200 立方米。从现在开始，数到宰相去世，他只能得到要求赏赐的极小极小的一部分。这样，就不是国王不能付给宰相奖赏，而是宰相自己无能力拿走应得的全部奖赏了。"教师像在课堂上讲课似的说给国王听。

国王慢慢明白过来了，激动地连连点头说："好！好！"

像是为了进一步增强说服的效果，教师继续说："宰相要求赏赐的麦子数异常巨大，这个数目是 18 446 744 073 709 551 615 粒，我简直无法把它读下来。我计算过，如果一年到头，一秒也不停地一粒一粒地数，一年有 3 153.6 万秒，总共需要将近 5 800 亿年才能数完。到那时，不仅陛下、宰相，连同我早已上了天国，就是我们的子子孙孙也早已到天国去玩耍了。"

国王兴奋得眉飞色舞，立即把宰相叫到面前，说："老爱卿，你要的奖赏我要全部付给你。"接着他把教师想出的办法说给宰相听。

宰相听后，不禁一惊。说："陛下，您的仆人是绝对无能力拿走您的赏赐的，因此也就只好不要了。但我并不感到遗憾，我深深佩服陛下想出的这个绝妙的主意，陛下的智慧超过了我。"

国王面带喜色，赞赏地看着身边的那位教师。教师谦虚地微笑着。

4．原子弹的威力

1945 年 *7* 月 *16* 日早晨，在美国新墨西哥州南部一望无际的沙漠上，一项神秘而又危险的试验就要开始。参加试验的科学家、工程师、军官和其他有关人员全都面朝下趴在离试验中心近*1*万米远的掩体里，等待着这个激动人心的时刻的到来。他们紧张得一句话也不敢说。终于，*5*时*29*分，随着强烈的闪光、震耳欲聋的巨响，一个十分明亮的火球迅速膨胀、上升。火球先是金色后又转为紫色、深紫、灰色和蓝色，同时地面上掀起一个粗大的深褐色的尘柱，当尘柱追上直径达*500*米的大火球时，便形成高达*10*多，公里的蘑菇状烟云。世界上第一颗原子弹试验成功啦！

原子弹爆炸是一种剧烈的原子核裂变过程，在这个过程中释放出来的巨大能量，理论上是可以精确计算的。但是，技术上能做到哪一步？一个原子弹实际爆炸时产生的威力到底有多大？需要依靠精密仪器的测定。为此，科学研究人员设计了几十种核测量方法。人们在掩体里欢呼实验成功的同时，又迫切等待着测量的结果。

突然，有一个身穿笨重防护服的人，从掩体里冲出，迎着试验方向奔去。这个勇敢的人去干什么呢？只见他一边跑，一边把事先准备好的许多小纸片举在头上，迎风撒去，纸片立即随着气流飘动起来。这时，他又转过身子，注视着小纸片的飘落，跟着小纸片的飘动跑起来，一边跑，一边数着自己的步子。等他拾起落在地上的纸片，气喘吁吁地回到掩体时，大家才看清他是著名的物理学家费米。

只见他十分兴奋地说："大家听着，第一颗原子弹爆炸的威力，大约相当于 *2* 万吨普通军用炸药爆炸时所释放出来的能量。"

要不是他在物理学界非常有威望，大家都会认为他是在招摇撞骗，即使由于他的威望，对小小几张纸片竟能测出原子弹爆炸时的威力，大家也感到疑惑不解、半信半疑。没有想到，两小时后，经过精密仪器测定的结果，与费米的纸片测定结果相同。从此，人们不由得对费米更加崇敬了。

物理学家费米如何利用纸片推算出原子弹爆炸的威力呢？原来，原子弹爆炸时巨大的能量以三种形式释放出来：一是爆炸中心产生极高的温度，辐射大量的热；二是附近空气受热膨胀，产生强大的冲击波；三是产生相当多的放射性粒子。费米计算了三种形式能量之间的关系，因此只要测出一种能量，就可算出全部能量，即原子弹爆炸的威力。费米选择了测量冲击波的能量。这种能量，即强大气流的能量最容易测量。气流的能量与气流的速度成正比，而气流的速度可以看作纸片飘动的速度。那么，如何知道纸片飘动的速度呢？纸片的速度为纸片飘过的距离除飘动的时间。只要事先练习好每一步的准确距离和计算出跨一步的精确时间，在跟随小纸片奔跑时，记下小纸片落地时已跑了多少步，又记下跑到小纸片落地处一共是多少步，这样就能求得小纸片飘过的距离和飘动的时间，纸片的速度就知道了。当然，用这种方法推算出的爆炸威力的结果只能是近似的数值。

5. 油画中的数学题

俄国一美术博物馆收藏了一幅奇怪的油画，画名就叫《难题》。油画的作者是著名俄国画家波格丹诺夫·贝尔斯基。油画描绘了俄国数学家、教育家拉金斯和他的学生正在演算黑板上的数学题。画面的主体是黑板上用白粉笔列的一道数学题。一群俄国小学生正仰着小脑袋，皱着小眉头，望着黑板上的数学题动脑筋。黑板上方有一个镜框，镜框里有拉金斯的半身肖像。他面带微笑，双眼闪着聪睿和蔼之光，看着孩子们，好像在鼓励他们开动脑筋，攻克难关。

在这幅油画中，黑板上的数学题占据了画面的中心，似乎显得单调、枯燥。但是，只要人们驻足观看一眼，就会被画面空间洋溢出的智慧吸引住，情不自禁地在油画前做起数学题来。

乍看之下，这道数学题似乎并不难，但是细细一看，却也不是很简单。它不仅使小学生搔头抓耳弄不明白，就是大人也一下子难以算清。

黑板上列的是一道分数题：

分子是：10 的平方加 11 的平方加 12 的平方加 13 的平方加 14 的平方；

分母是：365。

求它的答案。

这道题是拉金斯出给他所教的小学生做的。拉金斯是俄国莫斯科大学的数学教授，是著名的数学家。他为什么要给小学生出数学题呢？

原来，拉金斯虽然出生于俄罗斯偏远的农村，却天生地对数学有浓厚的兴趣，小时候常常为一些"难题"算个几天几夜也不疲倦。11 岁那年，他碰到一道二元二次方程式，无论他怎样绞尽脑汁，也解不出来。倔强的他独自徒步 50 多公里，到城里向一位中学数学教师请教。教师只花了一分钟，教给了他一个简单的公式。他便很容易、很迅速地解开了这道方程式。这件事对拉金斯深有触动：一些令乡村孩子头疼的"难题"，只要有教师指导，其实是很容易解的。

拉金斯通过自己的努力奋斗，终于成为俄罗斯出类拔萃的数学家。但是，他始终难忘乡村的孩子。经过再三思考，他毅然辞去大学教授的职位，到乡村小学去当一名数学教师。他深知数学常常使农村孩子畏惧，决心把枯燥的数学转变为孩子喜爱的课程。于是，他利用数的一些特性，教给孩子许多速算的方法。这既可以让孩子掌握实际的技能，也可以激发孩子的创造性，培养出对数学的浓厚兴趣和严谨的思维。油画中的数学题就是拉金斯出的。他之所以要出这道题，是因为这道题看起来很麻烦，但是如果了解了这道题几个数字之间存在的一个特性，它就迎刃而解了。

那么，这道题几个数字之间有什么特性呢？

你先算一算，它等于多少？

在计算中，你发现什么规律没有？拉金斯在计算中发现了一个规律，就是：10 的平方加 11 的平方加 12 的平方之和，正好等于 13 的平方加 14 的平方之和。而 10 的平方加 11 的平方加 12 的平方等于 365；也就是说，13 的平方加 14 的平方也等于 365。这样，分子是两个 365 的和，而分母是一个 365。分子除分母，答案即可脱口而出地说出来：2。

这样的数学题，不仅教会学生速算的方法，更重要的是，它能启发学生细心地去考察数的一些性质，从而运用技巧去解决难题。画家贝尔斯基创作这幅油画，把看似枯燥的数学题绘进画幅，但却使观者如嚼橄榄，回味无穷，观众对拉金斯出色的教学法赞不绝口。

看过这幅油画的人，在弄懂了它的寓意以后，再做数学题，都会特别留心数字之间是否有规律存在，并力图寻找出简便的运算方法来。中国著名数学家华罗庚曾经建议学数学的人都看一看这幅油画。

6. 9 进制

乔治·兰伯特是美国加利福尼亚洲一所中学的数学教师，他对数学特别敏感而且有极大的研究兴趣。他常年与数目、公式打交道，深感数学的神秘和魅力。特别有趣的是，他的妻子安妮连续 3 年都在同一天分娩，更使他感到冥冥之中的某种力量造成了这种巧合。因此，他开始注意一些巧合的事件，力图用数学的方式来破解巧合。下面随便举几例他发现的巧合。

法国皇帝拿破仑与纳粹元首希特勒相隔 1 个多世纪，但他们之间却有很多数字的巧合。拿破仑在 1804 年执政，希特勒在 1933 年上台，相隔 129 年。拿破仑在 1816 年战败，希特勒在 1945 年灭亡，相隔 129 年。拿破仑在 1809 年占领维也纳，希特勒在 1938 年攻入维也纳，相隔也是 129 年。拿破仑在 1812 年进攻俄国，希特勒在 1941 年进攻苏联，其间相隔又是 129 年。

美国第 16 届总统林肯于 1861 年任总统，美国第 35 届总统肯尼迪于 1961 年任总统，时隔 100 年。两人同在星期五并在女人的参与下被刺遇害。接替林肯任总统的人名叫约翰逊，接替肯尼迪任总统的人也叫约翰逊。更巧的是，杀害林肯的凶手生于 1829 年，杀害肯尼迪的凶手生于 1929 年，又正好相隔 100 年。两名凶手都被捕经审讯被处决。更令人吃惊的是，在林肯出事这一天，他的一位姓肯尼迪的秘书曾急切建议林肯不要去剧院，而在肯尼迪出事这天，他的一位叫林肯的秘书也曾极力劝告肯尼迪推迟达拉斯之行。

　　兰伯特被这些巧合和数字迷住了，他经常将这些数字翻来覆去地分解组合。他惊奇地发现，拿破仑和希特勒的巧合数 129 与林肯和肯尼迪的巧合数 100，把它们颠倒过来成为 921 和 001，用 921 减去 129，用 100 减去 001，得数都能被 9 除尽：921 － 129=792，792÷9=88；100 － 001=99；99÷9=11。而且，它们都有一个十位、个位相同的两位数商。

　　兰伯特异常吃惊。他又像做游戏一样用这些名人的出生日期来做数字组合分解，又得到一个奇特的数学现象。

　　拿破仑出生于 1769 年 8 月 15 日，将这些数字连起来，构成一个数 1 769 815。重新组合排列这些数，任意构成一个不同的数，如 9 876 511。在这两个数中，用大数减去小数，即 9 876 511 － 1 769 815 =8 106 696。把所得的差的各个数位上的数相加，得到一个两位数 36。再把这个两位数十位和个位上的数相加，即 3+6=9。最后的结果是 9。

　　林肯出生于 1809 年 2 月 12 日，将这些数字连起来，构成一个数 1 809 212。重新组合排列这些数，任意构成一个不同的数，例如 9 212 081。在这两个数中，用大数减去小数，即 9 212 081 － 1 809 212 =7 402 869。把所得的差的各个数位上的数相加，得到一个两位数 36。再把 3 和 6 相加，其结果仍然是 9。

　　实际上，把任何人的生日写出来，按照上面的方法计算，最后得到的结果都是 9。不信，用你的生日算一下，结果一定还是 9！

　　兰伯特对 9 入了迷。

　　他发现，将 1、2、3、4、5、6、7、8、9 加在一起，它的和是 45，那么 4+5=9。

　　他发现，用 9 乘任何数，得出的积数相加，结果它们的和总是 9。

　　$9×2=18$——$1+8=9$

9×3=27——2+7=9

9×4=36——3+6=9

9×5=45——4+5=9

9×6=54——5+4=9

9×7=63——6+3=9

9×8=72——7+2=9

9×9=81——8+1=9

不论你用来乘9的数有多大，得数加起来总是9！你可以试用每一个数，结果绝对都如此：

9×78=702——7+0+2=9

9×1 997=17 973——1+7+9+7+3=27——2+7=9

......

他发现，取任何一个数，如说 *1 997*，把每一位数加起来 *1+9+9+7=26*，用 *1 997* 减去 *26*，就等于 *1 971*。这个数一定能被9除尽！*1 971÷9=219*。

兰伯特带着对 *9* 的神秘感去请教大数学家乔希·波普。波普告诉他关于 *9* 的数理。

把一个大数的各位数字相加得到一个和，再把这个和的各位数字相加又得到一个和。这样继续下去，直到最后的数字之和是个一位数为止。最后，这个数称为最初那个数的"数字根"。这个数字根等于原数除9的余数。这个计算过程，被称为"弃9法"。

求一个数的数字根，最快的方法是在加原数的数字时把9舍去。例如，求 *199 798* 的数字根，其中有 *3* 个 *9*，而 *1+8* 也等于 *9*，就可以舍去，最后只剩下 *7*。*7* 就是 *199 798* 这个原数的数字根。

由这些知识可以解释前面所述生日算法的奥妙。假定一个数 n 由很多数字组成，把 n 的各个数字打乱重排，就得到一个新的数 n′。

显然，n 和 n′有相同的数字根（如 *199 798* 和 *199 897*），把两个数字根相减就会得 *0*。也就是说，n－n′一定是 *9* 的倍数，它的数字根是 *0* 或 *9*。而在这种算法中，*0* 和 *9* 本是一回事（一个数除 *9* 所得的余数）。n—n′=0，只有在 n=n′，即原数实际上没有改变时才发生；只要 n≠n′，那么 n·n′累次求数字和所得的结果一定是 *9*。

懂得了弃 *9* 法，兰伯特顿悟了不少。他进而想到，人类根本不应当 *10* 个 *10* 个地数数（十进制），也不应该 *12* 个 *12* 个（一打）地数数，而应该 *9* 个 *9* 个地数数，实行九进制。

这听起来似乎令人难以接受。因为人类有史以来就使用十进制，而现在的电子计算机也是采用的二进制。使用九进制有必要吗？

科学家认为，使用九进制，能使加减乘除运算变得更快、更准确。但目前对 *9* 的研究还很不够，*9* 对人类来说还极具神秘性。包括兰伯特在内的数学家正努力地探索 *9* 的奥秘，希望在 *21* 世纪能对 *9* 的研究有更大的突破。

在结束本文的时候，请欣赏以下美妙的数字，以唤起你对神秘的 *9* 的兴趣，让你成为打破 *9* 的神秘的突击手，使人类在 *21* 世纪有可能掌握一种更先进的九进制计数方法：

987 654 321×9=8 888 888 889

987 654 321×18=17 777 777 778

987 654 321×27=26 666 666 667

987 654 321×36=35 555 555 556

987 654 321×45=44 444 444 445

987 654 321×54=53 333 333 334

987 654 321×63=62 222 222 223

987 654 321×72=71 111 111 112

987 654 321×81=80 000 000 001

7. 会下金蛋的母鸡

　　神话里有个仙人，他有一个神奇的宝盆，装进石子就能变成金子；童话里有个仙女，她有一个神奇的手指，能点石成金……这些当然都是人们编造出来的虚无缥缈的故事。

　　然而，在数学王国里，却真有一只神奇的"会下金蛋的母鸡"……

　　那是在300多年前的法国。当时巴黎有一名律师，名叫皮耶·德·费马，是一个数学爱好者。他把毕生的业余时间都用来研究数学，并且在许多数学领域里做出了开创性的贡献，被人们称为"业余数学家之王"。

　　费马性情好静，不喜欢写书和发表论文，但是喜欢在钻研别人的著作时，在书页的空白处随时写下问题、记下心得。

　　1637年，费马在巴黎买了一本古希腊数学家丢番都的著作《算术》的拉丁文译本。他在这本书第2卷的"将一个平方数分为两个平方数"旁边的空白处写了一段话："将一个立方数分为两个立方数，一个四次幂分为两个四次幂，或者一般地将一个高于二次的幂分为两个同次的幂，这是不可能的。关于这个结论，我确信已经发现了一种美妙的证明方法，可惜这里空白的地方太小，写不下。"

　　当然，这段话是费马死后，人们为编辑、整理他的论述而查阅他的书籍时发现的。

　　但是，谁也没有见到过这个"美妙的证明"。费马的儿子整理了他的全部遗稿和书信，都没有找到那个"美妙的证明"。

　　后人把费尔马写在书页空白处的那个结论叫做"费马猜想"或"费马问题"，但更普遍的是称之为"费马大定理"。用数学术语表达费马大定理就是："当 n 是大于 2 的整数时，方程 $x^n+y^n=z^n$ 没有非零的整数解。"

费马大定理的证明激起了许许多多数学家的兴趣，高斯（"数学王子"）和欧拉（18 世纪最优秀的数学家）都为证明它而花费了巨大的精力，但都没有解决。人们惊呼：费马大定理的证明实在太难了！它简直是在向人类的智慧挑战！

为了鼓励人们解决这道难题，许多国家的科学院曾设立多种奖金。17 世纪末，德国一个城市的科学家和市民募捐了 10 万金马克，准备奖给解决这个难题的人，但没有得到结果；19 世纪中叶，法国科学院两次设立 3 千法郎奖金，也没有得到结果；1908 年，德国哥廷根科学院设立奖金 10 万马克，限期 100 年，向全世界征求费马大定理的证明，到现在为止，仍然没有看到完全的证明！

300 多年来，一代一代数学家为了显示人类的智慧，揭示难题背后的数学真理，不断地创造新颖的数学方法，无意中创立和发展了新的数学分支，推动了整个数学的发展，这个意义远远超过了解决这个难题的本身。

1900 年 8 月 6 日，第 2 届国际数学家大会在巴黎开幕了。1900 年 8 月 9 日，德国大数学家希尔伯特向到会的 200 多名数学家，也是向国际数学界提出了 23 个问题，这些问题当然都是非常非常难的，是新世纪的数学家应当解决的。人们奇怪地问希尔伯特，为什么不把费尔马大定理列入这 23 个问题中去？希尔伯特意味深长地说："如果我能解决这个问题，我将回避而故意不解决，这是因为我们应当更加注意，不要杀掉这只经常为我们生出金蛋的母鸡。"

希尔伯特把费马大定理比作"经常为我们生出金蛋的母鸡"，说明追求一个难题的解决，往往会使人们闯入新的领域里去。例如，德国数学家库麦尔（1810—1893 年）在研究费马大定理的过程中，创立了重要的数学概念——理想数，同时开创了一门崭新的数学分支——代数数论（1884 年），在现代数学中，代数数论仍然是十分活跃的领域，因为数学家认为，库麦尔因此而创立的代数数论比费马大定理本身还重要得多！

"光阴似箭，日月如梭"，转眼就到了 20 世纪 90 年代，证明费马大定理的工作也不断取得进展。"说时迟，那时快"，历史的指针指向了公元 1993 年，距离德国哥廷根科学院 1908 年悬赏 10 万马克征求费马大定理的证明的 100 年有效期限，只有短短的 14 年了！这时，在向费尔马大定理进军的征途中，传出了震惊世界的消息：1993 年 6 月 23 日，在英国剑桥大学举行的一次小型数学学术会议上，四十多岁的威尔斯博士在连续 3 天的学术报告结束时宣布，他已证明了费马大定理！几小时内，费马大定理获得证明的消息传遍四方，震惊了国际学术界。

威尔斯出生于英国牛津，小时候听说过"一只会下金蛋的母鸡"的故事后，就对费马大定理着了迷，立志征服这座无人登顶的数学王国的高峰。就是这条奇妙的定理将他引入数学的殿堂，他选择"数学"作为他的职业。儿时的梦想，虽然带有绚丽的光环，但是，对于已成为数学家的威尔斯博士来说，却是一个耀眼的灯塔，他拟订了一套切实可行的研究方案来实现他童年的梦想——证明费马大定理。不过，所有这些研究工作都是极其秘密地进行的，就是在他宣布证明了费马大定理的学术会议上，人们开始也未能察觉到他报告的最终目标。

威尔斯的工作公布后，很快受到了国际上一些最著名的数学家的喝彩，大多数人认为威尔斯是一位严肃的数学家，他的证明基础是可靠的。

人们正翘首期盼着欢呼费马大定理获得证明的最后时刻的到来！

但是，1993 年 12 月 4 日，威尔斯教授宣布，他于 6 月对费马大

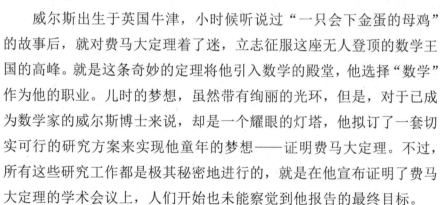

定理的证明中"有漏洞"。所以，费马大定理仍在证明中！

让我们听听数学大师希尔伯特的一番话："正如人类的每项事业都追求确定的目标一样，数学研究也需要自己的问题。正是通过这些问题的解决，研究者锻炼其钢铁般的意志和力量，发展新方法和新观点，达到更广阔和自由的境界。"

我们了解一些数学问题的历史和意义，可以提高对数学的认识，可以激励自己像前人那样顽强学习，为人类进步事业做出贡献。

8. 蜜蜂问题

在美国数学界广泛流传着一个解蜜蜂问题的故事。

据说，在一次鸡尾酒会上，许多数学家聚集一堂，欢声笑语，洋溢着轻松愉快的气氛。著名的数学大师、"电子计算机之父"冯·诺依曼端着酒杯，和同行说说笑笑。一位客人看到冯·诺依曼有时流露出心不在焉、若有所思的样子，知道这是科学家的"职业病"：搞惯了科学研究，做惯了思维"体操"，头脑里不想点问题便好像丢了什么东西似的。于是，他想出了一个问题。

"你好，冯·诺依曼先生，想做游戏吗？"

"游戏？"他指了指头脑，说："它正想活动活动，做做思维游戏呢！"

"我这里有一个蜜蜂问题。两列火车相距 10 千米，在同一轨道上相向行驶，速度都是每小时 80 千米。火车 A 的前端有 1 只蜜蜂以每小时 160 千米的速度飞向火车 B，遇到火车 B 以后，立即回头以同样的速度飞向火车 A，遇到火车 A 以后，又回头飞向火车 B，速度始终保持不变，如此下去，直到两列火车相遇时才停止。假设蜜蜂回头转身的时间忽略不计，那么这只蜜蜂（冯·诺依曼插话：好一只超级蜜蜂！）一共飞了多少千米的路？"

冯·诺依曼，这位 20 世纪最杰出的数学家，心算能力极强，不用笔和纸就能熟练自如地进行计算。据说，他 6 岁就能心算 8 位数的除法，十来岁时就掌握了微积分，中学时在匈牙利数学竞赛中名列第一。他的老师，著名的数学家、教育家波利亚回忆说："约翰（冯·诺依曼的名字）是我唯一感到害怕的学生，如果我在演讲中列出一道难题，那么当我演讲结束时，他总会手拿一张潦草写成的纸片，说他已把难题解出来了。"

这时，把解答有趣的数学题作为一种积极的休息，作为参加一种游戏，冯·诺依曼没有用简单的算术方法，而是别出心裁地采用了高等数学中一个巧妙的解法，很快地解出了这个问题。

如果你直接从蜜蜂往返飞行的路程去求解，那就很复杂了，而间接用蜜蜂飞行的时间来求解，就非常简单。

因为两列火车相距 60 千米，以每小时 80 千米的速度相向而行，所以它们相遇时所经过的时间是 1 小时。而蜜蜂在这一段时间内，不停地在两列火车之前往返飞行，蜜蜂飞行的全部时间正好是两列火车相遇的时间。所以，蜜蜂在这 1 小时内，正好飞行了 60 千米。

有趣的是，我国著名数学大师苏步青教授，在一次出国访问时，脱口而出地解出了一位外国数学家提出的和"蜜蜂问题"类似的"猎狗问题"：

猎人甲带着他的猎狗到 120 千米外的猎人乙家去做客。当甲出发时，乙也正好走出家门去迎接甲。甲每小时走 10 千米，乙每小时走 20 千米，猎狗每小时走 30 千米 。当猎狗先与乙相遇后，又返回来迎接甲，与甲相遇后，再转身去迎接乙。这样，猎狗就在甲、乙之间往返奔跑。问：当甲、乙相遇时，猎狗一共跑了多少公里路？

因为猎狗往返奔跑的全部时间，正好是猎人甲、乙相遇的时间：

120÷（10+20）=4（小时），

所以，猎狗一共跑的路程是

30×4=120（千米）。

9. 数字"冰雹"

让我们先来做一个游戏：

你随便取一个自然数，如果它是偶数，就用 *2* 去除它；如果它是奇数，将它乘 *3* 之后再加 *1*，这样反复运算，你会发现，最终必然是 *1*。

比如，取自然数 n=6。6 是偶数，要先用 *2* 除，*6÷2=3*；*3* 是奇数，要将它乘 *3* 之后再加 *1*，*3×3+1=10*；按照上述法则继续往下做：*10÷2=5*，*5×3+1=16*，*16÷2=8*，*8÷2=4*，*4÷2=2*，*2÷2=1*。从 *6* 开始经历了 *3 → 10 → 5 → 16 → 8 → 4 → 2 → 1*，最后得 *1*。

用一个大一点的数运算，结果还是这样吗？

取自然数 n=16 384。你会发现，这个数连续用 *2* 除了 *14* 次，最后还是得 *1*。

上面用的两个数都是偶数，奇数是不是这样的呢？

取自然数 n=19。按照上面的法则来算，可以得到下面一串数字：

19 → 58 → 29 → 88 → 44 → 22 → 11 → 34 → 17 → 52 → 26 → 13 → 40 → 20 → 10 → 5 → 16 → 8 → 4 → 2 → 1。

经过 *20* 步，最终也变为最小的自然数 *1*。

这个有趣的现象引起了许多数学爱好者的兴趣。一位美国数学家说："有一个时期，在美国的大学里，它几乎成了最热门的话题。数学系和计算机系的大学生，差不多人人都在研究它。"人们通过大量演算发现最后结果总是得 1。于是，数学家便提出如下一个猜想：

对于任一个自然数 n，如果 n 是偶数，就把它变成 $\frac{n}{2}$；如果 n 是奇数，就把它变成 3n+1。按照这个法则运算下去，最终必然得 1。

这个猜想最初是由哪位数学家提出来的，已经不清楚了，但似乎并不古老。20 世纪 30 年代，德国汉堡大学的学生考拉兹就研究过它。1952 年，一位英国数学家发现了它。几年之后，它又被一位美国数学家所发现。自 20 世纪 50 年代起，这个问题一再引起人们的兴趣。

在日本，这个问题最早是由角谷静夫介绍到日本的，所以日本人称它为"角谷猜想"。1960 年，角谷静夫初次听到这个问题，他说："有一个月，耶鲁大学每一个人都在研究这个问题，但没有任何结果。我到芝加哥大学提出这个问题之后，也出现了同样的现象。有人开玩笑说，这个问题是企图减缓美国数学进展的一个阴谋。"足见这个问题的吸引力之大。

人们争先恐后去研究这个猜想，一遍遍地进行运算，在运算过程中发现，算出来的数字忽大忽小，有的计算过程很长。如从 27 算到 1，需要 112 步。有人把演算过程形容为云中的小水滴，在高空气流的作用下，忽高忽低，遇冷结冰，体积越来越大，最后变成冰雹落了下来，而演算的数字最后也像冰雹一样掉了下来，变成了 1。因此，人们又给这个猜想起了个形象的名字——冰雹猜想。

10. 巧称苹果

秋天到了，苹果园里，树上硕果累累，一派丰收景象。

小明的叔叔是林场的工程师，星期天加班。小明要叔叔带他到果园去玩。

小明和叔叔来到苹果质量检验处。叔叔仔细察看了职工的工作：把摘下的苹果分类、检验、装箱。

"叔叔，一箱苹果有多重？"小朋问。

"四五十千克吧，重量不一定相同。"叔叔说。

"咱们称一称吧！"小明要求道。

"好。"叔叔把小明领到一架磅秤旁边。不巧，管计量的职工有事离开了，把磅秤的小秤砣收了起来，只留下了 100 千克的大秤砣。

小明不高兴了："那怎么称一箱苹果的重量？"

叔叔想了想，说："咱们把这 5 箱苹果两两合称吧！"

小明说："两两合称就是每两箱一起称，一共要称 10 次。"

叔叔说："对。不过，需要说明一下：咱们称的是苹果连同纸箱的重量，叫作'毛重'；箱子里面苹果的重量叫作'净重'。咱们以下说的每箱苹果的重量，都是毛重。"

小明和叔叔抬起苹果箱过称，记录如下：

5 箱苹果，两两合称，重量（单位：千克）为：

$$111，112，113，114，115，$$
$$116，117，118，119，121。$$

叔叔知道小明是数学课外小组成员，便想考考他："你算算每箱苹果的重量，"叔叔又补充，"假定每箱苹果重量的千克数都是整数。"

小明说："我把这 10 个数加起来，除 20，不就算出来了！"

叔叔笑了："那是平均数。你从这 10 个数中，能看出这 5 箱苹果的重量有两箱相同吗？"

小明说："因为这 10 个数两两不相同，而且前面 9 个是连续自然数，所以我推测这 5 箱苹果的重量两两不相同。"

"对。还有呢？"

"还有……没有了！"

叔叔启发说："你从最简单的数，如 1，2，3 下手，找找规律。"

小明说："我试试看。1，2，3 两两相加，得到 3，4，5。这是什么规律呢？"

叔叔说："思考要来一个飞跃，由简单到复杂，由具体到抽象，才能发现规律。你刚才说的，抽象到一般情况就是，3 个连续自然数 n，n+1，n+2，两两之和为 2n+1，2n+2，2n+3，还有 3 个连续自然数。"

小明恍然大悟："哎呀，我的脑子到这会儿才有点儿开窍。111，112，113 应该是 3 个连续自然数两两相加而得到的，这 3 个数是……"

小明在草稿纸上做了一些计算之后，把草稿纸递给叔叔，说："我已经算出来了，这 5 箱苹果的重量是……"

小明观察出这 10 个数，它们两两不同，而且前 9 个是连续的自然数，小明在叔叔的启发下推出，这 5 箱苹果的重量两两不相同，而且最小的 3 个重量数可能是连续的自然数。因为，3 个连续自然数两两之和仍为 3 个连续自然数，所以首先推出最小的 3 个重量的千克数为 55，56，57，它们两两之和为 111，112，113。其次，第四个千克数不可能是 58，因为不然的话，便有 58+55=56+57=113，得出了两个 113，这与已知条件"两两合称，结果两两不同"相矛盾。取第四个千克数为 59，经过试验：

$$55+59=114，56+59=115，$$

$$57+59=116，$$

符合已知条件。类似地，可以求得第五个千克数为 62。

因此，这 5 箱苹果重量的千克数分别是：

$$55，56，57，59，62。$$

11. 纸的高度

数学小组活动的时候，同学们都向小伶表示祝贺："小伶成了电视明星了！""小伶回答问题'完全正确'（一个同学模仿电视台著名的节目主持人的口气），给咱们数学小组争了光！"

"哦，原来是那天看烹饪大师大奖赛时回答了一个问题，这没有什么！"小伶谦虚地说。

李老师及时引导同学们找"数学感觉"。"数学感觉"这个词是李老师自编的，其来源是体育界和音乐界：踢足球的常说"球感"，游泳的常说"水感"，搞音乐的常说"乐感"……

李老师说："小伶回答的问题不是没有什么，而是大有文章可做，是数学里非常有趣而且有用的一个内容。"

同学们催李老师快讲。

李老师说："抻面条是把大面条抻长，绕，扣，再抻，每一扣都比上一次的面条根数增加一倍，而面条一次比一次抻得细。现在，我们看一个相反的问题。

"请同学们拿出刚发的《少年科学报》，打开，把这张报纸对折一次，一层变成了两层；好，再对折一次，两层变成了4层；再对折一次，4层变成了（小聪答话：8层），对。你们看看手边的一叠纸，变厚了吧！

"假定你的这张纸很大很大，要多大就有多大。你把这张纸像刚才这样对折30次后，再估计一下，这叠纸放在地面上应该有多高？"

小明举手问："李老师，一张报纸的厚度是多少？"

李老师反问："能量出一张纸有多厚吗？"

小聪拿起一本书和一块三角板，一边演示一边说："我手中这本书的每一页的厚度，与这张报纸的厚度差不多。我用三角板量一量书的厚度，再看看这本书有多少页，就可以算出一张纸的厚度了。"停顿了一会儿，小聪接着说："这本书的厚度约是 12 毫米，有 150 页，我算出一张纸的厚度约是 0.08 毫米。"

李老师说："我们假设所用的那张很大很大的纸很薄很薄，比如说厚度只有 0.01 毫米。现在开始估计吧！谁先说？"

小明说："大概有 1 米高吧！"

小俐说："大概有 10 米高吧！"

小聪说："大概有 3 层楼房高吧！"

小伶注意到李老师露出神秘的笑容，便大着胆子说："大概有中央广播电视塔那么高吧！"

小明摇摇头，说："哪能呢！要知道，中央广播电视塔是北京最高的建筑物，塔高 405 米呢！"

李老师也摇摇头，笑着说："你们估计得太保守了！你们能想象得出，这个高度比世界第一高峰珠穆朗玛峰的海拔高度（小聪插话：8 844 米）还要高吗？这个高度比 2 000 层的摩天大楼（每层高度以 5 米计算）还要高吗？不过这座摩天大楼，地球上还没有出现，是我想像中的。"

同学们都惊奇得瞪大着眼睛，异口同声地说："哎呀！这么高呀！可能吗？！"

这张纸对折 30 次，叠成了 2^{30} 张，而每张纸的厚度是 0.01 毫米，所以这叠纸的高度是

$$2^{30} \times 0.01 = 10\ 737\ 418.24 \text{（毫米）}$$
$$\approx 10\ 737 \text{（米）}，$$

超过了世界第一高峰珠穆朗玛峰的高度，也超过了想像中的 2 000 高（以每层高 5 米计算）的摩天大楼的高度。

还有使你更为惊奇的呢！如果你把这张纸对折 *50* 次，那么这叠纸的高度是

$$2^{50} \times 0.01 = 11\ 258\ 999\ 068\ 426.24（毫米）$$

$$\approx 11\ 258\ 999（千米），$$

大约是地球到月球的距离的 *30* 倍！

12. 几只黑兔

小聪暑假期间到乡下外祖母家住了一个星期，他跟着大舅的儿子牛牛到河边钓鱼，去村后捉虫，可有意思呢！

有一天，牛牛拿着两把镰刀，带小聪去河边割草。牛牛告诉小聪，他家和小聪的二舅家都养了百十来只兔子，原来是分开养的，因为现在农忙，便把两群兔子放在一起饲养。一会儿，小哥俩便割了一大筐草。牛牛背着草，小聪拿着镰刀，来到小聪的二舅家。

嗬，二舅家的后院成了养兔场，兔笼一个挨一个，笼里养着白兔和黑兔。牛牛告诉小聪，他们两家一共养了 *260* 只兔子，大舅家的兔群里有 *13%* 的黑兔，二舅家的兔群里有 *12.5%* 的黑兔。这时，牛牛眼珠一转，对小聪说："你算算看，你大舅家和二舅家各养了多少只黑兔？"

小聪说："我是数学小组的组员，正想显显身手呢！"他跑进屋里，拿起纸笔便写：

$$260 \times 13\% = 33.8，$$

$$260 \times 12.5\% = 32.5。$$

咦，奇怪了！

"牛牛哥，怎么算出来的黑兔数都是小数呀！"

"不会吧！黑兔数应该是整数。"

牛牛走过去一看小聪的算式，说："唉，你把已知条件搞错了。我是说，大舅家的兔群里有 *13%* 的黑兔，二舅家的兔群里有 *12.5%* 的黑兔，不是说 *260* 只兔子的 *13%* 和 *12.5%*。"

小聪挠挠头，问："牛牛哥，你家有多少只兔子？"

牛牛笑着说："这可是个关键数，我不能告诉你！你好好开动脑筋，一定能求出来的。"

小聪抓住关键，深入思考，终于算出了大舅家和二舅家的黑兔数。小哥俩到养兔场，一边给兔子添草，一边数数黑兔有几只，小聪还想验证自己的计算结果呢！

小聪后来是这样算的：

因为大舅的兔群里有 *13%* 的黑兔，所以，*100* 只兔子里，就有 *13* 只黑兔；*200* 只兔子里，就有 *26* 只黑兔。因为活兔子的数目是整数，所以，大舅家的兔群里只能有 *100* 只兔子或 *200* 只兔子。这样，二舅家的兔群里就有 *160* 只兔子或 *60* 只兔子。

因为　　　　　　　　$160 \times 12.5\% = 20$，

　　　　　　　　　　$60 \times 12.5\% = 7.5$，

而活兔子数不可能是小数，所以二舅家的兔群里不可能有 *60* 只兔子，只能有 *160* 只兔子。于是，大舅家的兔群里有 *100* 只兔子。

因此，大舅家有 *13* 只黑兔，二舅家有 *20* 只黑兔。

13. 魔术数

1986 年，全国初中数学竞赛题第 *1* 题第 *3* 小题提到魔术数，原题是：将自然数 n 接写在每一个自然数的右面，如果得到的新数都能被

n 整除，那么 n 称为"魔术数"，在小于 130 的自然数中，魔术数的个数是 _____。

乍看起来，问题较棘手，但认真分析，并不难解决。

大家在理解魔术数定义时，就注意这几个字："接写""每一个（即任何一个）""都能"。

例如，把偶数 2 接写在任何一个自然数右面得到的新数都是偶数，都能被 2 整除，所以 2 是魔术数。

怎样求魔术数呢？

设 a 为魔术数，把 a 接写在任何一个自然数 x 的右面得到的新数为 $\overline{xa}$。

①若 a 为一位数，则 $\overline{xa}=10x+a$ 能被 a 整除，即对任何一个自然数 x，10x 都能被 a 整除，就是 10 应是 a 的倍数，则 a 只能是 1、2、5，共 3 个。

②若 a 为二位数，则 $\overline{xa}=100x+a$ 能被 a 整除，100 应是 a 的倍数，a 只能是 $10=110, 20=210, 25, 50=510$，共 4 个。

③若 a 为三位数，则 $\overline{xa}=1\ 000x+a$ 能被 a 整除，1 000 应是 a 的倍数，a 只能是 $100=110^2, 125, 200=210^2, 250=2\ 510, 500=510^2$，共 5 个。

同理，若 a 为四位数，a 只能是 $1\ 000=110^3, 2\ 000=210^3, 5\ 000=510^3, 1\ 250=12\ 510, 2\ 500=2\ 510^2$。

一般地，当 a 为 n 位数（n≥3）时，魔术数可用以下形式表示：$110^{n-1}, 210^{n-1}, 510^{n-1}, 2\ 510^{n-2}, 12\ 510^{n-3}$。

这样，我们便可以求出小于任何给定的自然数的魔术数及其个数。小于 130 的魔术数共 9 个：1, 2, 5, 10, 20, 25, 50, 100, 125。小于 10 的魔术数为 3 个，小于 100 的魔术数为 7 个，小于 1 000 的魔术数为 12 个，小于 10 000 的魔术数为 17 个……

我们观察 n 位数的魔术数的个数：

当 n=1 时为 3 个；

当 n=2 时为 *4* 个；

当 n=k（k ≥ 3）时总是 *5* 个。

所以，当 n ≥ 2 时，n 增加 *1*，n 位数的魔术数的个数就增加 *5* 个。或者说，n 位数（n ≥ 2）以内的魔术数的个数正好组成公差为 *5* 的等差数列：*7，12，17，22，27，32，……*。

14．最大的和最小的

①三个 *1*，不另加任何数学运算符号，能写成的最大的数是什么？能写成的最小的数是什么？

②四个 *1*，不另加任何数学运算符号，能写成的最大的数和最小的数是什么？

③三个 *2*，不另加任何数学运算符号，能写成的最大的数和最小的数是什么？

④三个 *4*，不另加任何数学运算符号，能写成的最大的数和最小的数是什么？

你在回答这些问题时会发现，它们都是需要仔细想一想才能正确回答的问题。

①很明显，*111* 是最大数的，1^{11}=1 是最小数。

②如果你从①的经验出发，以为 *1 111* 是最大数，就错了。这里最大的数是 11^{11}。事实上，11^3=1 331 > 1 111，而 11^{11} 比 *1 111* 更要大得多。最小的数当然还是 1^{111}=1。

③不要以为 2^{22} 是最大数，相反它却是最小的数。这里，最大的数是 2^{22}=4 194 304，它比 *222* 或 22^2 都要大得多。

④你根据③可能以为 4^{44} 是最大的数，这又错了。这里的最大的

数却是。因为 $4^{4^4}=4^{256}$。显然 $4^{256} \gg 4^{44}$（"$\gg$"表示远远大于）。最小的数是 4^{44}。

现在，你能不加任何运算符号，写出三个 3，三个 5，三个 6……的最大数和最小数了吗？

15. 回数猜想

一提到李白，人们都知道这是我国唐代的大诗人，如果把"李白"两个字颠倒一下，变成"白李"，这也可以是一个人的名字，此人姓白名李。像这样正着念、反着念都有意义的语言叫作"回文"，比如"狗咬狼""天和地""玲玲爱毛毛"，一般说来，回文是以字为单位的，也可以以词为单位写回文，回文与数学里的对称非常相似。

如果一个数，从左右两个方向来读都一样，就叫它"回文数"，如 101，32 123，9 999 等都是回文数。

数学里有个有名的"回数猜想"，至今没有解决，取一个任意的十进制数，把它倒过来，并将这两个数相加，然后把这个和数再倒过来，与原来的和数相加，重复这个过程直到获得一个回文数为止。

例如，68，只要按上面介绍的方法，三步就可以得到回文数 1 111。

$$
\begin{array}{r}
68 \\
+86 \\
\hline
154 \\
+451 \\
\hline
605 \\
+506 \\
\hline
1\ 111
\end{array}
$$

"回数猜想"是说：不论开始时采用什么数，在经过有限步骤之

后，一定可以得到一个回文数。

还没有人能确定这个猜想是对的还是错的，*196* 这个三位数可能成为说明"回数猜想"不成立的反例，因为用电子计算机对这个数进行了几十万步计算，仍没有获得回文数，但是也没有人能证明这个数永远产生不了回文数。

数学家对回时是质数的回文数进行了研究，数学家相信回文质数有无穷多个，但是还没有人能证明这种想法是对的。

数学家还猜想，在有无穷个回文质数时，如 *30 103* 和 *30 203*，它们的特点是，中间的数字是连续的，而其他数字都是相等的。除 *11* 外必须有奇数个数字，因为每个有偶数个数字的回文数，必然是 *11* 的倍数，所以它不是质数，如 *125 521* 是一个有 *6* 位数字的回文数，按着判断能被 *11* 整除的方法，它的所有偶数位数字之和与所有奇数位数字之和的差是 *11* 的倍数，那么这个数就能被 *11* 整除，*125 521* 的偶数位数字是 *1*，*5*，*2*，而奇数位数字是 *2*，*5*，*1*，它们和的差是

（*1+5+2*）－（*2+5+1*）*=0*，

是 *11* 的倍数，所以 *125 521* 可以被 *11* 整除，且

125 521÷11=11 411。

因而，*125 521* 不是质数。

在回文数中，平方数是非常多的，比如：

$121=11^2$；

$12\ 321=111^2$；

$1\ 234\ 321=1111^2$；

……

$12\ 345\ 678\ 987\ 654\ 321=111\ 111\ 111^2$，

随意找一些回文数，平方数所占的比例比较大。

立方数也有类似情况，比如：$1\ 331=11^3$；$1\ 367\ 631=111^3$

这么有趣的回文数，至今还存在着许多不解之谜。

16. 冰雹猜想

30 多年前，日本数学家角谷静夫发现了一个奇怪的现象：一个自然数，如果它是偶数，那么用 2 除它，如果商是奇数，将它乘 3 之后再加上 1，这样反复运算，最终必然得 1。

比如，取自然数 n=6，按角谷静夫的作法有：$6÷2=3$，$3×3+1=10$，$10÷2=5$，$53+1=16$，$16÷2=8$，$8÷2=4$，$4÷2=2$，$2÷2=1$，从 6 开始经历了 $3 → 10 → 5 → 16 → 8 → 4 → 2 → 1$，最后得 1。

找个大数试试，取 n=16384。

$16\ 384÷2=8\ 192$，$8\ 192÷2=4\ 096$，$4\ 096÷2=2\ 048$，$2\ 048÷2=1\ 024$，$1\ 024÷2=512$，$512÷2=256$，$256÷2=128$，$128÷2=64$，$64÷2=32$，$32÷2=16$，$16÷2=8$，$8÷2=4$，$4÷2=2$，$2÷2=1$，这个数连续用 2 除了 14 次，最后还是得 1。

这个有趣的现象引起了许多数学爱好者的兴趣，人们在大量演算中发现，算出来的数字忽大忽小，有的过程很长，比如 27 算到 1 要经过 112 步，有人把演算过程形容为云中的小水滴，在高空气流的作用下，忽高忽低，遇冷成冰，体积越来越大，最后变成冰雹落了下来，而演算的数字最后也像冰雹一样掉下来，变成了 1！数学家把角谷静夫的这一发现，称为"角谷猜想"或"冰雹猜想"。

这一串串数难道一点规律也没有吗？观察前面的两串数：

$6 → 3 → 10 → 5 → 16 → 8 → 4 → 2 → 1$；

$16\ 384 → 8\ 192 → 4\ 096 → 2\ 048 → 1\ 024 → 512 → 256 → 128 → 64 → 32 → 16 → 8 → 3 → 2 → 1$。

最后的三个数都是 4 → 2 → 1。

为了验证这个事实，从 1 开始算一下：

31+1=4，4÷2=2，2÷2=1。结果是 1 → 4 → 2 → 1，转了一个小循环又回到了 1，这个事实具有普遍性，不论从什么样自然数开始，经过了漫长的历程，最终必然掉进 4 → 2 → 1 这个循环中去，日本东京大学的米田信夫对从 1 到 10 995 亿 1 162 万 7 776 之间的所有自然数逐一做了检验，发现它们无一例外，最后都落入了 4 → 2 → 1 循环之中！

计算再多的数，也代替不了数学证明。"角谷猜想"目前仍是一个没有解决的悬案。

其实，能够产生这种循环的并不止"角谷猜想"，下面再介绍一个：

随便找一个四位数，将它的每一位数字都平方，然后相加得到一个答数，将答数的每一位数字再都平方，相加……一直这样算下去，就会产生循环现象。

现在以 1 998 为例：

$1^2+9^2+9^2+8^2=1+81+81+64=227$，

$2^2+2^2+7^2=4+4+49=57$，

$5^2+7^2=25+49=74$，

$7^2+4^2=49+16=65$，

$6^2+5^2=36+25=61$，

$6^2+1^2=36+1=37$，

$3^2+7^2=9+49=58$，

$5^2+8^2=25+64=89$。

下面再经过八步，就又出现 89，从而产生了循环。

71

17. 千古之谜

现代数论的创始人、法国大数学家费马（*1601—1665年*）对不定方程极感兴趣，他在丢番图的《算术》这本书上写了不少注记。在第二卷问题 *8* "给出一个平方数，把它表示为两个平方数的和"的那一页的空白处，他写道："另一方面，一个立方不可能写成两个立方的和，一个四次方不可能写成两个四次方的和。一般地，每个大于 *2* 的幂不可能写成两个同次幂的和。"

换句话说，在 n ＞ *2* 时，

$$x^n + y^n = z^n \tag{1}$$

没有正整数。这就是举世闻名的费马大定理。

"关于这个命题"，费马说："我有一个奇妙的证明，但这里的空白太小了，写不下。"

人们始终未能找到费马的"证明"。很多数学家想攻克这座城堡，至今未能攻克。所以，费马大定理实际上是费马大猜测。人们在费马的书信与手稿中，只找到了关于方程

$$x^4 + y^4 = z^4 \tag{2}$$

无正整数解的证明，恐怕他真正证明的"大定理"也就是这 n=*4* 的特殊情况。

既然（2）无正整数解，那么方程

$$x^{4k} + y^{4k} = z^{4k} \tag{3}$$

无解，如果（3）有解，即有正整数 x0，y0，z0 使

$$x_0^{4k} + y_0^{4k} = z_0^{4k} \tag{3}$$

那么（x_0^k）*4* +（y_0^k）*4* =（z_0^k）*4*

这与（2）无解矛盾！

同理，我们只要证明对于奇素数 0，不定方程

$$x^p+y^p=z^p \qquad\qquad\qquad (4)$$

无正整数解，那么费马大定理成立（因为每个整数 n＞2，或者被 4 整除，或者有一个奇素数 p 是它的因数）。

（4）的证明十分困难。在费马逝世以后 90 多年，欧拉迈出了第一步。他在 1753 年 8 月 4 日给哥德巴赫的信中宣称他证明了在 p=3 时，（4）无解。但他发现对 p=3 的证明与对 n=4 的证明截然不同。他认为，一般的证明，即证明（4）对所有的素数 p 无正整数解是十分遥远的。

一位化名勒布朗的女数学家索菲娅·吉尔曼（1776—1891 年）为解费马大定理迈出了第二步。她的定理是：

"如果不定方程

$$x^5+y^5=z^5$$

有解，那么 5 | xyz。"

人们习惯把方程（4）的讨论分成两种情况。即：如果方程

$$x^p+y^p=z^p$$

无满足 p | xyz 的解，就说对于 p，第一种情况的费马大定理成立。

如果方程

$$x^p+y^p=z^p$$

无满足 p | xyz 的解，就说等于 p，第二种情况的费马大定理成立。

因此，吉尔曼证明了 p=5，第一种情况的费尔马大定理成立。她还证明了：如果 p 与 2p+1 都是奇素数，那么第一种情况的费马大定理成立。她还进一步证明了对于 ≤ 100 的奇素数 p，第一种情况的费

马大定理成立。

在欧拉解决 p=3 以后的 90 余年里，尽管许多数学家企图证明费尔马大定理，但成绩甚微。除吉尔曼的结果外，只解决了 p=5 与 p=7 的情况。

攻克 p=5 的荣誉由两位数学家分享，一位是刚满 20 岁、初出茅庐的狄利克雷，另一位是年逾七十已享盛名的勒仕德。他们分别在 1825 年 9 月和 11 月完成了这个证明。

p=7 是法国数学家拉梅在 1839 年证明的。

这样对每个奇素数 p 逐一进行处理，难度越来越大，而且不能对所有的 p 解决费马大定理。有没有一种方法可以对所有的 p 或者至少对一批 p 证明费马大定理成立呢？德国数学家库麦尔创立了一种新方法，用新的深刻的观点来看费马大定理，给一般情况的解决带来了希望。

库麦尔利用理想理论，证明了对于 p < 100 费马大定理成立。巴黎科学院为了表彰他的功绩，在 1857 年给他奖金 3 000 法郎。

库麦尔发现伯努列数与费马大定理有重要联系，他引进了正规素数的概念：如果素数 p 不整除 B_2，B_4……，B_{p-3} 的分母，p 就称为"正规素数"；如果 p 整除 $B2$，$B4$……，$Bp-3$ 中某一个的分母，就称为"非正规素数"。例如，5 是正规数，因为 $B2$ 的分母是 6。

1850 年，库麦尔证明了费马大定理对正规素数成立，这一下子证明了对一大批素数 p，费马大定理成立。他发现，在 100 以内只有 37、59、67 是非正规素数，在对这三个数进行特别处理后，他证明了对于 p < 100，费马大定理成立。

正规素数到底有多少？库麦尔猜测有无限个，但这一猜测一直未能证明。有趣的是，卡利茨 1953 年证明了非正规素数的个数是无限的。

近年来，对费马大定理的研究取得了重大进展。*1983* 年，西德的法尔廷斯证明了 "代数数域 K 上的（非退化的）曲线 F（x，y）=0，在出格 g ＞ *1* 时，至多有有限多个 K 点。"

作为它的特殊情况，有理数域 *1* 上的曲线

$$x^n + y^n - 1 = 0 \qquad (5)$$

在亏格 g ＞ *1* 时，至多有有限多个有理点。

这里亏格 g 是一个几何量，对于曲线（5），g 可用

$$g = \frac{(n-1)(n-2)}{2}$$

来计算，由（6）可知，在 n ＞ 3 时，（5）的亏格大于 *1*，因而至多有有限多个有理点（x，y）满足（5）。

方程

$$x^n + y^n = 2^n$$

可以化成

$$\left(\frac{x}{2}\right)^n + \left(\frac{y}{4}\right)^n - 1 = 0$$

改记 $\frac{x}{2}$，$\frac{y}{2}$ 为（x，y），则（7）就变成（5）。因此，由（5）只有有限多个有理数解 x、y，立即得出（1）只有有限多个正整数解 x、y、z，但这里把 x、y、z 与 kx、ky、kz（k 为正整数）算作同一组解。

因此，即使费马大定理对某个 n 不成立，方程（7）有正整数解，但解也至多有有限组。

1984 年，艾德勒曼与希思布朗证明了第一种情况的费马大定理对无限多个 p 成立。他们的工作利用了福夫雷的一个重要结果：有无穷多个对素数 p 与 q，满足 q|p－1 及 q ＞ p2/3 个。而福夫雷的结果又建立在对克路斯特曼的一个新的估计上，后者引起了不少数论问题的突破。

现在还不能肯定费马大定理一定正确,尽管经过几个世纪的努力。瓦格斯塔夫在 *1977* 年证明了对于 $p < 125\,000$,费马大定理成立。最近,罗寒进一步证明了对于 $p < 4\,100$ 万,费马大定理成立。但是,费马大定理仍然是个猜测。如果谁能举出一个反例,费马大定理就被推翻了。不过,反例是很难举的。

18. 五家共井

我国最早提出不定方程问题,它由"五家共井"引起。古代,没有自来水,几家合用一个水井是常见的事。《九章算术》一书第 *8* 章第 *13* 题就是"五家共井"问题:

今有五家共井,甲二绠不足,如乙一绠;乙三绠不足,如丙一绠;丙四绠不足,如丁一绠;丁五绠不足,如戊一绠;戊六绠不足,如甲一绠。如各得所不足一绠,皆逮。问井深、绠长各几何!

用水桶到井中取水,当然少不了绳索,"绠"就是指"绳索"。原题的意思是:

五家共用一水井,井深比 *2* 条甲家绳长还多 *1* 条乙家绳长;比 *3* 条乙家绳长还多 *1* 条丙家绳长;比 *4* 条丙家绳长还多 *1* 条丁家绳长;比 *5* 条丁家绳长还多 *1* 条戊家绳长;比 *6* 条戊家绳长还多 *1* 条甲家绳长。如果各家都增加所差的另一条取水绳索,刚刚好取水。试问井深、取水绳长各多少?

虽然该问题是虚构的,但它是最早的一个不定方程问题。

用现代符号,可设甲、乙、丙、丁、戊各家绳索长分别为 x、y、z、u、v,井深为 h。根据题意,可得

$$\begin{cases} 2x + y = h, \\ 3y + z = h, \\ 4z + u = h, \\ 5u + v = h, \\ 6v + x = h。 \end{cases}$$

这是一个含有 6 个未知数、5 个方程的方程组。未知数的个数多于方程个数的方程（或方程组）叫"不定方程"。用加减消元法可得

$$x = \frac{265}{721}h, \quad y = \frac{191}{721}h, \quad z = \frac{148}{721}h,$$

$$u = \frac{129}{721}h, \quad v = \frac{76}{721}h。$$

给定 h 不同的数值，就可得到 x、y、z、u、v 的各个不同的数值。只要再给定一些特定条件，就可得到确定的组解。原书中只给出一组解，是最小正整数解。

我国古代数学家在《九章算术》的基础上，对不定方程做出了辉煌的成绩。"五家共井"问题是后来百鸡术及大衍求一术的先声。

"五家共井"问题，曾引起世界上很多数学家的注视。在西方数学史书中，把最早研究不定方程的功绩归于希腊丢番图。其实，他在公元 250 年左右才研究这些问题，要比我国迟二百多年。

公元 6 世纪上半期，张丘建在他的《张丘建算经》中有一个百鸡问题：今有鸡翁一，值钱五；鸡母一，值钱三；鸡雏生，值钱一。凡百钱，买鸡百只。问鸡翁、母、雏各几何？

意思是，如果 1 只公鸡值 5 个钱；1 只母鸡值 3 个钱；3 只小鸡值 1 个钱。现用 100 个钱，买了 100 只鸡。问公鸡、母鸡、小鸡各多少？

设公鸡、母鸡、小鸡分别为 x、y、z 只，则可得不定方程

$$\begin{cases} 5x+3y+\dfrac{1}{3}z=100 \\ x+y+z=100 \end{cases}$$

消去 z 不难得出

$$y=\dfrac{7x}{4}$$

因为 y 是正整数，所以 x 必须是 4 的倍数。

设 x=4t，则 y=25－7t，z=75+3t

因为 x ＞ 0，所以 4t ＞ 0，t ＞ 0；

又因为 y ＞ 0，所以 25－7t ＞ 0，t ＜ $3\dfrac{4}{7}$

故 t=1，2，3。

所以原方程组有三组答案：

$$\begin{cases} x=4，y=18，z=78 \\ x=8，y=11，z=81 \\ x=12，y=4，z=84 \end{cases}$$

数学史家评论说，一道应用题有多组答案，是数学史上从未见到过的，百鸡问题开了先例。《张丘建算经》中没有给出解法，只说："术曰：鸡翁每增四，鸡母每减七，鸡雏每益三，即得。"意思是：如果少买 7 只母鸡，就可多买 4 只公鸡和 3 只小鸡。因为，7 只母鸡值钱 21，4 只公鸡值钱 20，两者相差 3 只小鸡的价格。只要得出一组答案，就可推出其余两组。但这解法怎么来的？书中没有说明。因此，所谓"百鸡术"，即百鸡问题的解法就引起了人们的极大兴趣。

稍后，徐岳在《数术记遗》一书中又提出了两个"百鸡问题"，题目意思与原百鸡问题相同，仅数字有所区别。到了宋代，著名数学家杨辉在他的《续古摘奇算法》一书中，也引用了类似的问题：

"钱一百买温柑、绿桔、扁桔共一百枚。只云温柑一枚七文，绿桔一枚三文，扁桔三枚一文。问各买几何？"

到了明清时代，还有人提出了多于三元的"百鸡问题"。不过，各书均与《张丘建算经》一样，没有给出问题的一般解法。

7世纪时，有人对百鸡问题提出了另一种解法，但只是数字的凑合。到了清代焦循在他的《加减乘除释》一书中指出其错误。之后，不断有人提出新的解法，但都没有完全得到普遍解决此类题目的通用方法。例如丁取忠在他的《数学拾遗》中给出了一个比较简易的解法：先设没有公鸡，用100个钱买母鸡和小鸡共100只，得母鸡25只，小鸡75只。现在少买7只母鸡，多买4只公鸡和3只小鸡，便得第一组答案。同理可推出其余两组。直到19世纪，人们才把这类问题同"大衍求一术"结合起来研究。

百鸡问题是一个历史名题，在世界上有很大影响，国外常见类似的题目。

19. 速度趣题

自行车和苍蝇

两个男孩各骑一辆自行车，从相距20千米的两个地方，开始沿直线相向骑行。在他们起步的那一瞬间，一辆自行车车把上的一只苍蝇，开始向另一辆自行车径直飞去。它一到达另一辆自行车车把，就立即转向往回飞行。这只苍蝇如此往返，在两辆自行车的车把之间来回飞行，直到两辆自行车相遇为止。

如果每辆自行车都以每小时10千米的高速前进，苍蝇以每小时15千米的高速飞行，那么苍蝇总共飞行了多少千米？

答案：

每辆自行车运动的速度是每小时10千米，两者将在1小时后相遇于 20 千米距离的中点。苍蝇飞行的速度是每小时 15 千米，因此在 1 小时中，它总共飞行了 15 千米。

许多人试图用复杂的方法求解这道题目。他们计算苍蝇在两辆自行车车把之间的第一次路程，然后是返回的路程，依此类推，算出那些越来越短的路程。但这将涉及所谓无穷级数求和，这是非常复杂的高等数学。

据说，在一次鸡尾酒会上，有人向约翰·冯·诺伊曼提出这个问题，他思索片刻便给出了正确的答案。提问者显得有点沮丧，他解释说，很多数学家总忽略简单方法，而去采用无穷级数求和的复杂方法。

冯·诺伊曼脸上露出惊奇的神色。"可是，我用的正是无穷级数求和的方法"，他解释道。

往返旅行

当我们驾驶汽车旅行的时候，汽车在不同的时刻当然会以不同的速度行驶。如果把全部距离除驾驶汽车的全部时间，所得到的结果叫作这次旅行的"平均速度"。

史密斯先生计划驾驶汽车从芝加哥去底特律，然后返回。他希望整个往返旅行的平均速度为每小时 60 千米。在抵达底特律的时候，他发现他的平均速度只达到每小时 30 千米。

为了把往返旅行的平均速度提高到每小时 60 千米，史密斯在返回时的平均速度必须是每小时多少千米呢？

答案：

求解这道令人困惑的小小难题，并不需要知道芝加哥与底特律之间的距离。

在抵达底特律的时候，史密斯已经走过了一定的距离，这花去了他一定的时间。如果他要把他的平均速度翻一番，他应该在同样的时间中走过上述距离的两倍。很明显，要做到这一点，他必须不花任何时间便回到芝加哥。这是不可能的，因此史密斯根本没有办法把他的平均速度提高到每小时 60 千米。无论他返回时的速度有多快，整个旅行的平均速度肯定要低于每小时 60 千米。

如果我们为史密斯的旅行假设一个距离，事情便会容易理解一些。比如说，假设往返旅程各为 30 千米。由于他的平均速度为每小时 30 千米，他将用 1 小时的时间完成前一半的旅行。他希望往返旅行的平均速度为每小时 60 千米，这意味着他必须在 1 小时中完成整个 60 千米的旅程。可是，他已经把 1 小时的时间全都用了。无论他返回时速度有多快，他所用的时间都将多于 1 小时，因此他必定要用多于 1 小时的时间完成 60 千米的旅程，这使得他的平均速度低于每小时 60 千米。

20. 数学之源

数学最初是从结绳记事开始的。大约在三百万年前，人类还处于茹毛饮血的原始时代，以采集野果、围猎野兽为生。这种活动常常是集体进行的，所得的"产品"也平均分配。这样，古人便渐渐产生了数量的概念。他们学会了在捕获一头野兽后用一块石子、一根木条来记录；或者用在绳子上打结的方法来记事、记数。这样，在原始社会人们的眼光中，一个绳结就代表一头野兽，两个结代表两头野兽……，或者一个大结代表一头大兽，一个小结代表一头小兽……。数量的观念就是在这些过程中逐渐发展起来的。随着捕获手段的提高，所获的野兽越多，绳子的结越多，需要的数目也越大。

在距今大约五六千年以前，沿非洲的尼罗河出现了一个伟大的文明社会——古埃及。古埃及人较早地学会了农业生产。尼罗河每年

7月定期泛滥，淹没大片农地，*11* 月洪水逐渐退落。埃及人通过长期观察，注意到天狼星和太阳同时出没，正是洪水将至的预兆。还发现，这种现象大约 *365* 天重复一次。这样，古埃及人就选择在洪水泛滥之后留下的肥沃淤泥上下种，待 *6* 月洪水来临之前收割，以获得好的收成。这是通过天文观测进行农业生产的结果，其中也包含了数学知识的应用。另一方面，古埃及的农业制度，是把同样大小的正方形土地分配给每一个人的，租用的人每年把他的收成提取一部分给土地所有者——国王。如果洪水冲毁了他们所分得的土地，他可以向国王报告，国王便派人前来调查并测量损失的那一部分，这样他交的租金就会相应减少。这种对于土地的测量，导致了几何学的诞生。实际上，几何学的原意就是"土地测量"。

数学正是从打结记数和土地测量开始的。

与古埃及同时，世界上还有几个同样伟大的文明社会，如亚洲西部的古巴比伦，南部的古印度和东部的中国，它们分别创造了自己的文字，同时也产生了各自的记数法和最初的数学知识。在距今大约两千多年以前生活在欧洲东南部的古希腊人，继承了这些数学知识，并将数学发展成为一门系统的理论科学。古希腊文明被毁灭后，阿拉伯人保存和继承了他们的文化，后来又传回欧洲，使得数学重新繁荣起来，并最终导致了近代数学的创立。

第三章

学生物理科学兴趣培养

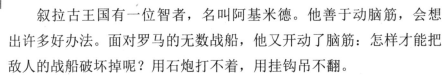

1. 阿基米德借"神火"

距今 2000 多年前，古罗马向位于地中海西西里岛上的叙拉古王国发动了侵略战争。

罗马侵略者就像一头饥饿的野狼面对一只肥美的羔羊，恨不得将叙拉古王国一口吞下。但叙拉古王国军民奋勇抗击，使敌人寸步难行。

侵略者气坏了，心想："一个小小的叙拉古都抢不过来，还成什么体统？"于是，他们又调集更多的战船，排列在叙拉古城堡附近的海面上，随时准备扑到岸上来。

叙拉古王国有一位智者，名叫阿基米德。他善于动脑筋，会想出许多好办法。面对罗马的无数战船，他又开动了脑筋：怎样才能把敌人的战船破坏掉呢？用石炮打不着，用挂钩吊不翻。

这一天，阿基米德站在船头又在观察敌战船情况，烈日照在船帆上，白亮亮一片。猛地，他把手一挥："有办法了。"

双方又僵持了一个月。情况对叙拉古王国越来越不利，眼看就要坚守不住了。阿基米德大声地号召军民："再坚持三天，我就有打败敌人的办法了。"

三天后，一个大晴天，阿基米德命令："全体坚守战斗岗位，胜利就在今天！"

叙拉古王国军民莫名其妙："敌人这么强大，我们怎能取得胜利呢？"

还真是怪了，罗马战船突然一只只冒烟起火了。白帆上先冒烟，被海风一吹，"呼"地一下着起火来。风借火势，火乘风威，只见浓烟滚滚，一片火海。罗马士兵惊慌失措，大声喊道："天上降神火了，天上降神火了。"士兵有的被烧死，有的跳到海里被淹死。罗马战船除了有几只侥幸逃脱，其余全部在浓烟烈火中沉入大海。

阿基米德借来的不是神火，而是"太阳之神"的火。

那一天，阿基米德在城头查看罗马战船时，阳光照在船帆上，白亮亮一片，给了他启示，使他想起了平时琢磨过多次的取火镜。

取火镜就是现在说的聚光镜，也叫凹面镜，它能把阳光集中到一点，这一点叫"焦点"，焦点的温度相当高，可以用来点火。

阿基米德说做就做，马上找来一批工匠，秘密打制上百面铜镜，用了一个月的时候。为了保险，又用了三天进行试验，效果好极了。于是，在战争处于最关键的时候，阿基米德胸有成竹地宣布："胜利就在今天！"

那一天，天空晴朗，烈日高悬，阿基米德派数百名士兵手持聚火镜，站在选好的位置上，对准罗马战船的白帆照起来，一会儿，罗马战船就开始冒烟了。

2．用冰取火

在希腊神话中，普罗米修斯将火种从天上偷引到地上，成为人类歌颂的大英雄。人类的文明史离不开火，现在人们的生活、工作也缺不了火。聪明的人类发明了火柴和各种各样的打火器，可以十分方便地点燃火焰。

有一支探险队，在南极洲的暖季到达那块大陆时，却不幸丢失了打火器，能找的地方都找过了，就是不见打火器的踪影。

南极洲的暖季，虽然太阳不落，永远悬挂在天空中，但气温也在－10℃左右。没有火，就不能烧水做饭维持生活；没有火，生命将处于危险之中。

探险家不会束手无策，静待死神的到来。船长和一位科学博士开始研究点燃火堆的办法。船长说："有一部小说，主人翁鲁滨孙在孤岛上所用的火种，是靠闪电点燃一棵树木获得的，可惜这种偶然的外界帮助，机会太少了。"

"是太靠不住了。"博士回答。

"我们连一个望远镜都没有，如果有望远镜，倒可以把透镜拿下取火了。"船长又说。

"是呀，"博士回答说，"可真太遗憾了，我们竟没有这个东西。太阳光倒很强，有了透镜，一定能够烧着火绒的。"

"怎么办呢？博士，全靠你了。"船长说。

"我们为什么不……"博士沉思地说。

"你想出了什么办法？"船长好奇地问。

"但是，不知道能不能成功。"博士犹豫不定地说。

"你到底想出了什么办法？"船长追问道。

"我们不是没有透镜吗？我们自己造一个。"

"怎样造？"船长问道。

"用冰块来造。"博士说，"我们需要的不过是使太阳光聚焦到一点，用冰块也许和用水晶一样有效。但是，要选用一块比较坚实和比较透明的。"

船长指着一块冰说："这块冰也许能满足你的要求。"

博士和船长一同向那块冰走去。确定它基本符合要求后，船长叫来了其他的人。博士下令砍下一大块冰来，这块冰的直径大约有 0.5 米。先用斧头把它砍平，然后用小刀精修,最后用温暖的双手不断摸弄，慢慢地做成了一个光洁透明的半球形的"冰透镜"。博士拿着这块"冰透镜"向着太阳，让太阳光穿过"冰透镜"聚焦到一团干燥蓬松的火绒上。一会儿，火绒冒出淡淡的一缕青烟，又过了一会儿，火绒上出现一个红点，顷刻间，火绒燃烧起来了。一场危机终于过去了，探险队又开始了正常的工作和生活。

冰与火，我们常认为是不相容的，科学却让我们用冰取得了火。凡是透明的东西，光线便能够穿过它，所以透明度很高的冰，本身不会吸收很多太阳光，以至转变成热量，使温度升高。而由于把冰块做成半球形透镜，根据光学原理，穿过冰块的光线会聚焦到一点，使火绒处在这一点时便吸收到大量热量，温度升高，燃起火焰。

3. 太阳里的知识

太阳给我们送来了什么？

我们最直接的感受是：太阳送来了光和热。

除了直接的感受，太阳能还转化成一大批贵重的礼物：粮食、煤、石油及电力。地里的庄稼在阳光的照射下，才会进行光合作用，从而生长发育、开花结果，人才有了粮食。而远古的植物和动物的尸体被埋在地下，转化成煤和石油。今天烧煤，是在消耗远古的太阳能。太阳还把海水晒热，产生水蒸气，送到大陆变成了雨，雨水贮在水库里，用来发电，太阳能转化成了电能。

地球上的能源，绝大多数来自太阳。抬头看看太阳，不由得感叹，太阳时时刻刻在向外发射能量,地球接收到的能量只是很小的一部分。太阳的能量该是多么巨大，太阳能是怎么产生的呢？

在不同的时代，有不同的答案。

在科学不发达的年代，人们看到火红的太阳，就联想到太阳是个大火球，一定存在着燃烧现象，会不会是煤在燃烧？可是，稍有头脑的人说，就算太阳是个巨大的煤球，它又够烧几年呢？无论太阳多么巨大，按体积计算，也就只够烧几千年，就算能烧 1 万年，"煤球"也烧完了。可是，太阳的年龄却是 50 亿年，哪里有什么烧了 50 亿年的大"煤球"？

太阳能来自燃烧，仅仅是一种猜测。

到了 19 世纪，有位天文学家在研究太阳是怎么形成的时候，同时回答了太阳能是怎么产生的。他说，太阳原来是一团大星云，体积非常大，就像今天整个太阳系那么大，后来逐渐凝缩，在凝缩的过程中，由于引力的作用，外围的质点纷纷涌向太阳中心，产生了动能，转化为光和热向外辐射。在当年，星云学说是引人注目的理论，相当多的人接受了这个说法，以为这就知道了太阳能的来源。

进入 20 世纪，科学发展了，科学家首先关心的不是去解答太阳能从何而来，而是太阳上有些什么物质。因为射到地球上的太阳光就是重要的信息，太阳光通过三棱镜就会分成颜色鲜艳的七色光。从那些宽窄不同的彩色谱线中，就能分析出太阳上的物质。1929 年，美国科学家罗素反复地分析了太阳光谱，告诉人们，太阳这个大火球，实际上充满了气体，绝大部分是氢。按质量计算，氢占 71%，氦占 27%，其他元素只占 2%。

这时候，原子科学也有了发展，研究原子的科学家也关心起太阳能从何而来，他们根据太阳含有丰富的氢进行分析，认为太阳内部存在着核反应。贝特是出生在德国的美国科学家，他认为，4 个氢核结合成 1 个氦核，产生了能量，也就是说，氢是太阳的"燃料"，氦是烧下来的"灰"。贝特的说法，不仅解释了太阳能的来源，还扩大到恒星，恒星发光也是这个原理。

贝特的理论告诉了我们，太阳和恒星的能量来自核反应，是核聚变的结果。为什么太阳能产生大量的光和热，辐射出大量的能量？

是靠烧掉了一些氢，每秒钟要损失 400 万吨物质！但是，太阳中的氢实在太多了，还经得起消耗，在数百万年以内，这个损失仍只是一个可以忽略不计的小数目，太阳还有几百亿年的寿命。

这样，人们总算知道了太阳能的来源。可是，人的认识总是在不断发展的。人们掌握核聚变的技术，制成了氢弹，却有一个解不开的谜。氢弹里有氢核，在高温条件下，氢核一下子聚合成氦，产生了大量的光和热，这一切过程，仅仅在爆炸的一瞬间就完成了。爆炸结束，核反应也完结了，所有的氢都参加了反应。

人们在想，核反应有两种，一种是核裂变，原子弹爆炸就是裂变的结果；另一种是核聚变，氢弹爆炸是核聚变的结果。可是，核裂变现在已经可以加以控制，能按照人的意愿，不是突然爆炸，而是缓慢连续地进行反应，用来发电，建成原子能电站。可是，氢核聚变却只能以爆炸的形式出现，所有的氢一起参加反应，反应一次完成。

这就产生了一个问题，既然太阳含有丰富的氢，太阳中心的温度又高达上千万摄氏度，为什么不会使所有的氢一起参加反应，为什么不是反应一次完成，而是缓慢地进行，并且已经进行了 50 亿年！

这个问题也可以反过来问，既然太阳的寿命已有 50 亿年，由此可见，太阳一直在进行着核聚变，不是一次爆炸式的聚变，而是持续不断地聚变。核聚变能够持续不断地进行，一定存在着一种控制机理，但我们还不知道，这是一个谜。

科学家正在力求破解这个谜。科学家为了利用氢这个廉价的原料作为能源，正在寻找控制氢聚合的过程，只要找到控制的办法，就有了大规模利用氢的可能。

也许，太阳会给我们一点启示，告诉我们氢的聚变不一定是爆炸，也可以持续进行，是可以控制的。

4．超重和失重

在大型游乐场中，"超级秋千""云霄飞车"和"勇敢者转盘"等游乐项目最为惊心动魄，也最受人欢迎。玩过一回的人，都会体验到那种难得的刺激。飞车翻腾，忽上忽下，时而压迫感难忍，身躯好像要被挤扁似的；时而虚飘飘无依无托，仿佛正坠入万丈深渊。

上面说的那种不寻常的感受，涉及到超重和失重问题，这些现象归根结底是重力场或者说引力场里的现象。引力场是一种被赋予了物理属性的空间场地，它能吸引处于这种场地里的任何一个物体。它的基本特性是，所有处于场中的物体，不论它们的质量多大、带不带电荷，只要初始条件相同，它们就能在场中都以相同的方式运动。引力场理论与牛顿万有引力定律的原始表述的根本区别在于，消除了引力作用的瞬时性质和超距性质，而把物体之间的引力作用看成是由引力场这种媒介物质来传递的。

什么是超重现象和失重现象呢？举例来说，假如我们一边乘电梯上楼，一边在里面用磅秤称体重，此时人会受到竖直向下的重力和竖直向上的弹力。根据电梯运行的速度变化，磅秤上显示的重量，即视重，是不一样的。假如电梯匀速上升，磅秤上的视重就是人的实际重量，即实重；假如电梯加速上升，磅秤上的视重就会超过人的实际重量，这就是超重现象；假如电梯减速上升，磅秤上的视重就会少于人的实际重量，这就是失重现象。类似地，假如电梯匀速下降、加速下降和减速下降，那么相应地人会处于实重、失重和超重 3 种状态。

一般来说，超重和失重，就是物体在竖直方向做加速和减速运动时，对支持物的压力或者对悬挂物的拉力不等于所受重力的现象。当加速度的方向向上时，即加速上升或减速下降时，出现超重现象；当加速度的方向向下时，即减速上升或加速下降时，出现失重现象。

我们向天上抛一块小石头，当小石头下落时，可以近似地把小石头看作是自由落体，它的加速度大约是 10 米 / 秒 ^{2}，或者说每秒速率的改变为 10，这叫作"重力加速度"（常用 g 表示），方向竖直向下。假如我们乘坐在一台以重力加速度的量值下降的电梯里称体重，此时磅秤上的视重就是零（按牛顿第二定律很容易算），这就叫完全失重状态。这只是打比方，实际上，任何一台电梯都不可能自由落体。不过，像玩蹦极游戏那样，用一根牢固而有弹性的绳子拴住人的脚或腰，然后从几十米的高空像自由落体似地往下跳，想必就能尝到完全失重的滋味。

超重和失重现象，在航空航天领域更是普遍存在。火箭在升空时，加速度可以达到重力加速度的 10 倍，即 $10g$，导弹则可以达到 $30g$。为了预防超重现象引起的损害，必须事先加固航天器的各部分器件。对于人来讲，一般人对超重的承受力为 $3.8g$，飞行员由于经过训练，可以承受 $4.6g$。处于超重状态的人，心脏所受的力也相应增大，心脏中的血液也处于超重状态，为了维持正常的血液循环，心脏的负担也就比平时要大得多。原本心脏就不太好的人，最好不要冒这种险。此外，人在超重状态下还会受到神经、代谢、内分泌活动紊乱的"超重生理反应"的困扰，严重的会因脑缺氧而导致记忆力丧失。

航天飞机在环绕地球的轨道上运行时，由于重力加速度会部分或全部地用来提供向心加速度，因而会处于失重或完全失重状态。这使得飞船里面的人的生活状态异乎寻常，他们不会发出打鼾的声音，因为失重，喉咙中的小舌头就不会下垂，也就不会因呼吸而引起振动发出鼾声。汤匙中的汤水不是想像的那样漂浮在空中，而是由于汤水的表面张力而附着在汤匙上。人出汗时，汗珠不会一滴滴地往下落，而只会汇聚在一起，融成一大团。

失重给宁航员无疑会增加很多麻烦。稍为蓬松些的衣服就会膨胀起来，必须穿紧身衣才行；食物要装进牙膏式的管子，然后挤进嘴里；喝水要用有密封盖子的特殊吸管；睡觉要钻进特制的睡盒内，并用绳带锁定；行走要穿带有钩子的鞋，以便钩住网状的地面；洗头和洗澡显然更加麻烦，于是成了非常难得的享受。长期生活在重力场中的人，一旦失去重力作用时，体液的流动会受到失重的影响，血液循环、心脏系统、泌尿系统都会出现反常变化。在太空中生活时间过长的人，还会出现骨质疏松、肌肉萎缩无力、红血球减少等症状，严重影响身体的健康。

在人类还没有进行航天飞行之前，爱因斯坦提出过这样一个问题："在失重的条件下（如在宇宙飞船中），能点燃蜡烛吗？"他自己回答说不能。他的理由是，处于失重状态下的空气不再受到重力，蜡烛燃烧时，热空气不再上升，冷空气也不再下降，于是蜡烛被燃烧过的热空气所包围，烛芯就得不到氧气的补充，因而很快就会熄灭。人们为了检验爱因斯坦的推测，做了不少实验。例如，在一只氧气供应充足的密封容器中放人点燃的蜡烛，并让这个容器从70米高的地方自由下落，以此造成一个失重的环境。结果呢？蜡烛并没有熄灭，只是烛焰比平时暗淡一些，并且烛焰的形状是球形的。这次爱因斯坦为什么错了呢？原来，他忽略了空气热运动的存在。即使没有对流，含有氧气的新鲜空气仍然可以通过扩散到达烛芯，维持蜡烛的燃烧。只是烛焰因为没有冷、热空气的对流而暗淡一些。同时，由于失重，空间的各个方向是各向同性的，因而烛焰是球形的。宇宙飞船上天之后，苏联的科学家在"联盟8号"飞船上顺利地进行了焊接工作，证明了在失重条件下，的确能够维持燃烧。爱因斯坦居然也有错的时候，这就应了我们中国的一句老话："智者千虑，必有一失。"

5. 玻璃瓶托金

宋徽宗有十个具有北方特色的玻璃瓶，玻璃瓶口小腹大，样子非常惹人喜爱，工艺又精细，在宫中也算得上是珍品。有一天，宋徽宗观赏着玻璃瓶，突然想起要在瓶内托一个金的里子，便命令小太监去找皇宫中的工匠办。但工匠都不敢接受这项任务，他们说："金里子放进瓶中，必须用烙铁烘烫，才能服帖。而这瓶口太窄，烙铁放不进，瓶子又脆又薄，也经不起手触弄。如果硬做，瓶会破碎。"因此，宁可让皇上怪罪，也不敢给玻璃瓶托金里子。太监知道这件事不能勉强他们，随意将玻璃瓶存放在箱中，暂将此事搁在一旁。

过了几天，太监在街上店铺间，看见一个锡匠正在陶器瓶口上装饰金银，手艺十分精湛，太监心里一动，转身回到宫中，拿了一个玻璃瓶，试着交给锡匠问："能在这瓶子里托一个金的里子吗？"

锡匠二话没说，要太监明天来取。第二天，太监前来取瓶，果然，玻璃瓶内已托好了一个金里子，而且质量叫人满意，挑剔不出一点毛病。

太监十分高兴，说："我看你的手艺超过皇宫中的工匠，却在这种地方敲敲打打，才能不能发挥，莫不是因为贫穷而得不到机会？"

接着又把玻璃瓶托里子的前后经过告诉他。不料锡匠淡淡地说："这是一件非常容易的事。"

太监当即带着锡匠进宫，向徽宗禀报清楚。徽宗想亲眼看看锡匠如何给玻璃瓶托金里子，便来到了后花园。又命宫中所有的工匠集中到院子里，一个挨一个再问，工匠还是说没有办法给玻璃瓶托金里子。

锡匠独自走到前面，将金子放在炉火上加热后锤打，打成像薄薄的一层纸，拿起来裹在玻璃瓶的外面。工匠们讥笑说："像这个样子，谁不会呢？原就知道你是个平庸的锡匠，怎么会做玻璃瓶内托金里子的事！"锡匠笑笑，也不回答。他把裹在玻璃瓶外的金子剥下来，用银筷子夹好，小心地插到瓶中，然后慢慢地将水银灌入瓶中，盖上瓶口，左右来回摇动。这样过了一会儿，又把玻璃瓶中的水银慢慢倒出来，只见金里子服服帖帖地托在瓶内，一点缝隙也没有。锡匠又慢慢地用自己的指甲把瓶口的金子擦匀压平。院子里的工匠惊讶得瞠目结舌。

锡匠这时才说："玻璃制成的器物，怎么还能让坚硬的东西磕碰呢？唯独水银，又柔软又沉重，慢慢灌入瓶中，不会使瓶损伤。水银虽然对金子有腐蚀性，但在里面，眼睛看不到，所以不受什么影响。"

徽宗十分高兴，重重赏赐了这个锡匠，并让他将剩下的 8 个玻璃瓶也托上金里子。

水银是自然界中一种比较特别的物质。它的比重很大，是水的 10 多倍，又以液体的形态存在，同时具有这两种特点的物质在自然界中并不多见。液体具有形状可变性，充塞性非常好，水银灌入玻璃瓶，便很快充塞满瓶内的空间，同时也将金里子贴向玻璃瓶。当盖上瓶口摇晃玻璃瓶时，因为水银的比重很大，感到很沉重，但水银对金里子的挤压力相应也很大，摇动多次，便能将金里子服服帖帖地托在玻璃瓶内了。

6. 谁是偷鱼贼

一天，丁老师给学生讲了一个故事：

从前，有一个商人，在荷兰的阿姆斯特丹港口，向当地渔民购买了 5 000 吨青鱼。为了防止丢失，他亲自监督过磅，然后又看着装上了船，这才放心地起锚开航了。旅途中，他派专人看守盛鱼的船舱，以为这样做，总该万无一失了吧！这样，船经过了几十天的航程，来到了非洲赤道附近的马加的沙港停泊，准备在那儿将鱼脱手卖出去。谁知，一过秤，却发现青鱼少了将近 19 吨。奇怪！丢失的鱼到哪里去了呢？被偷是不可能的，因为轮船沿途并没有靠过岸哪！当时，大家都无法揭开这个秘密。

"丁老师，我看准有个高明的偷鱼贼，躲在船舱里，乘他们不注意把鱼丢到海里去了！"小淘气好像猜着了这个秘密似的说。

小钻研也感到惊奇，问道："一个物体有多重就是多重，怎么会在这儿称称 10 斤（1 斤 =500 克）重，到那儿称称又只有 9 斤多了呢？"

丁老师接着说："一个物体的质量是不会变的，因为质量就是物体所含物质的多少。可重量呢？它是物体所受到的重力的大小，是由于地球对物体的吸引而产生的。地球对同一物体的吸引力，在地球表面的不同地方，实际上是不完全相同的。你们知道，地球是什么形状吗？"

"像皮球一样——圆的！"小淘气随口回答说。

"不，我看过一本介绍地球的书，它说地球并不是一个真正的圆球，在赤道处肚子是挺出来的呢。"小钻研改正说。

"对，严格说来，地球是一个扁椭球体。它的赤道处的半径是

6 378 千米，如果我们从赤道往两极去，就将和地心的距离越来越近。从南北极到地心的距离却只有 6 357 千米，同赤道相比，竟相差 21 千米！地球对一个物体吸引力的大小，是随着它离地心距离的大小而变化的。距离近了，吸引力就大些；距离远了，吸引力就小些。据有关科学家计算，在两极地区物体的重力，要比赤道附近大 0.53%。如果在南北极称是 1 000 克重的东西，运到赤道附近时，就只有 994.7 克了。"丁老师有理有据地说。

稍停了一会儿，丁老师又说："此外，物体的重量还同地球的自转速度有很大的关系呢。平时，你们有这样的体会吧：下雨天，你将张开的雨伞猛地一旋转，雨水就会向四面八方飞溅出去。我们站在旋转着的地球上，为什么没有像旋转伞上的雨水一样被抛出去呢？这是由于地心吸引力把我们紧紧拉住的缘故。在南北极，基本上不受地球旋转的影响，所以那儿的重力最大。在赤道附近，那儿的旋转速度最大，重力反而要减轻 1/91。现在，你们能回答谁是偷鱼贼了吗？"

只见小淘气忽然站起来说："这偷鱼贼，原来就是'地球引力'呀！"

丁老师点点头，说："是啊！是'地球引力'在跟人们开玩笑。5 000 吨青鱼从北极附近运到赤道，重量就要减少 19 吨哪！"

"如果我们在高空中称体重，会不会比在平地上轻些呢？"小钻研提出了问题。

"会的。假如一个人能够在离地面 6 400 千米的高空称体重，本来是 30 千克，这时却只有 7.5 千克了。这是因为，你离地心的距离比在平地上增加了一倍！"丁老师肯定地说。

小钻研又问："丁老师，如果我们登上月球，人会不会更轻些了呢？"

"小钻研想得很深。好，请坐在靠窗的同学拉一下黑帘布。我带来一部《宁航员登月》的纪录影片，让我们来边放映边回答小钻研提出的问题。"丁老师说着，从地上拎起一架小型放映机，放在讲台上。

不一会儿，电影开演了！只见雪白的墙上出现了深蓝色的夜幕，接着一个银辉灿灿的圆球出现在夜幕上。

丁老师解释说："由于月球的个头儿比地球小，分量轻，81 个月球的质量加起来，才抵得上一个地球的质量。所以，月球对物体的吸引力要比地球小多了，它只有地球的 1/6。一个来自地球 30 千克重的人，来到月球一称，嘿，只有 5 千克重了！"丁老师换了一口气，又说："你们看，月球上到处都是坑坑洼洼的，那些纵横交错、奇形怪状的山叫'环形山'；还有连绵不断、高大的群山及陡峭的峡谷和纵横交错的沟渠……尽管这样，宁航员在那儿走起路来却身轻如燕，跳跃自如。可以设想一下，要是在这儿开个运动会的话，倒是怪有趣的。像跳高、跳远、举重、赛跑、标枪等项目，准能创造出惊人的新纪录来！"

电影很快结束了，黑帘布拉开了，教室里顿时充满了明媚的阳光，荡漾起学生热烈的讨论声。

7. 捞铁牛

宋朝时候，我国经常遭受水灾。公元 1034—1060 年间，黄河就曾三次决堤。

有一年，在河中府地方（现在的山西省永济市）也发生了大洪水。汹涌的大水淹没了庄稼，毁坏了道路，那里的一座浮桥也被冲断，连 8 只用来固定浮桥的每只几吨重的大铁牛，也被牵动到河的下游，陷进淤泥里去了。

过了几天，洪水退走，人们开始重整家园，并计划修复这座浮桥。

但是，铁牛还沉在河底里，要修复浮桥，先得把铁牛捞出来。可是又怎样才能把它从河底里捞出来呢？铁牛好几吨重，谁有那般神力？官府贴出了"招贤榜"，招请能把大铁牛从河底里捞出来的能人。白纸黑字，分外惹眼，榜前围了许多人，议论纷纷，但谁也没有好主意。

忽然有一个人，一伸手把"招贤榜"揭了下来。大家一看，揭榜的竟是一个过路的和尚，他略显清瘦，面孔白净，穿着宽大的法衣。有位老人好心地对和尚说："大师父，一只铁牛好几吨重，如今又陷在淤泥里，要把它们捞起来，可不是一件容易的事呀！难道你能请神仙来帮忙？"

那和尚却不慌不忙地笑着说："我哪里有什么神来帮忙，水冲走了铁牛，我就再叫水把铁牛送回来。"

和尚派人找来两艘大木船，把它们并排拴在一起，中间留出一个空隙，叫人在两船之间用大木头搭起一个架子，成为一个"廿"字的样子，再叫人在船上装满泥土。然后他亲自带人，将船划到铁牛沉没的地方，挑选了几个精悍的年轻人潜入水底，用一些绳索牢牢地绑住铁牛。然后把绳子的端头拽回船来，拉直后拴在木架上。一切安排妥当，和尚招呼众人把船上的泥土一锹一锹地扔到河里。船上的泥土一点点地减少，拴在木架上的绳索一点点地拉紧。当船上的泥土快要扔完时，终于"舟浮牛出"，那几吨重的铁牛从河泥里拔了出来，吊在水中，被船拖到了原来的位置。

刹时，人们雀跃欢呼，围住这位聪明过人的和尚，赞扬感谢他。就这样，一次又一次，8只大铁牛全部被拖运好。官府为了奖励这个和尚，特地赶做了一套"紫衣"袈裟赐给他。

这个和尚就是我国古代的工程家怀丙。他捞起沉重的大铁牛，也是利用物理学的浮力原理。大船装满泥土后，"吃水"很深，排开的水量很大，向上的浮力也很大，等于装满泥土的大船的总质量。把泥土扔掉一点，船的总质量就小于浮力了，船应当向上浮，可是又被连接铁牛的绳索拉住了。于是，这多余的浮力便通过绳索拉铁牛。扔出的泥土愈多，多余的浮力愈大。当它超过铁牛在水里的向下沉力和淤泥对它的吸力的时候，铁牛就会和船一起向上浮动，离开河底，船就可以拖着它在河里慢慢前进了。

在打捞沉船的方法中，有一种"浮筒打捞法"，也是同样的原理。打捞时，先往体积很大的密封钢筒——浮筒里灌满水，让浮筒沉下去。潜水员潜人海底，用钢缆把浮筒拴牢在沉船上，再开动空气压缩机把筒里的水排开去，就像怀丙把船上的泥土扔到河里去一样，这样浮筒就有了多余的浮力将沉船往上拉，浮力大于沉船的重量时，就能把沉船捞上来。

8. 飞行中的不速之客

1984 年 1 月的一天，在苏联黑海之滨的索契市机场内，一架满载乘客的"伊尔 18"客机腾空而起，飞向蓝天。

机场附近天气情况良好，但距离航线约 40 千米处有雷雨云。

当飞机上升到 1 200 米高空时，突然有一个直径约 10 厘米、浑身发光、像个大火球的"怪物"闯进飞机驾驶舱，随后发出了一声响亮的爆炸声。不久，那个"怪物"穿过驾驶舱密封的金属舱壁，来到乘客座舱内。它在乘客头上飘飘忽忽缓慢地游动着，有时还发出"咝咝"的声音。

原来平静的机舱被这不速之客搅乱了，有的人用尖厉的声音呼喊，有的人害怕地直把身子往下缩，有的人合拢双手祈求保佑，有的人兴奋地大喊"UFO！ UFO！"

　　机舱内有位乘客是气象工作者。他知道这是一种罕见的现象，准备拿出照相机摄下这一镜头，谁知那火球却钻到了后舱，分裂成两个光亮的半月形，随即又合并在一起，发出不大的声音，离开了飞机。

　　这个"怪物"在乘客中间引起了极度恐慌与不安，大家感到不可思议。

　　其实，类似这样的怪事，过去也曾多次发现过。

　　1963 年 8 月的一天下午，在中国湖南省益阳县的上空，突然从黑云中落下一个闪光的火球，它一边往下掉，一边发出"呼呼"的响声。后来，它从窗外闯入一个生产队的仓库，上下跳跃。人们不知这是什么东西，忙拿起脸盆、木桶用冷水往上泼，结果火球腾空而起，将屋顶冲破一个大窟窿，溜之大吉。

　　1872 年 7 月 5 日，法国巴黎一家裁缝店的裁缝正在剪裁衣料，突然一个浑身明亮、像个火球的"怪物"，从壁炉里钻出来。怪物落到裁缝的脚前，裁缝吓得面如土色，紧张而又小心地把脚向后挪动，那怪物好像故意同他开玩笑似的，也跟着他飘动，并向上升起，渐渐靠近他的面部。裁缝双腿一软，倒在地上。那怪物却继续上升，朝着纸糊的壁炉烟囱口飞去。它撕破那张纸，不慌不忙地钻入烟囱，顺着烟囱上升，忽听得"轰"的一声，壁炉炸毁，"怪物"也不见了。

　　"幸亏我们的飞机没受损伤。"当乘客正在暗自庆幸时，机舱里响起了机长的声音："请注意，由于我们的飞机遭到不明火球的袭击，机上的雷达和部分仪表失去效能，现需紧急着陆，请大家系好安全带。"

　　"还是没有逃脱'怪物'的魔力！"有些人沮丧地诅咒着。

　　经过检查，发现在"怪物"进入和离开处——飞机头部外壳板和尾部各留下了一个窟窿，但飞机内壁没有任何损伤，乘客也没有受到任何伤害。这真是不幸中的万幸。

那个火球"怪物"究竟是什么东西呢？

"怪物"既不是 UFO，也不是"神火"，而是球状闪电，这是一种奇特的自然现象。

这种球状闪电，直径大的可达 10 米，小的像乒乓球，一般的有足球般大，中心部分很明亮，飞行时会发出"咝咝"的声音。

球状闪电最喜欢钻洞，在移动时，它并不烧坏附近的可燃物，只有爆炸时才毁坏建筑物或造成人畜伤亡事故。

当天空出现大雷雨和闪电时，最好关上门窗，谨防不速之客——球状闪电穿户入室，如果入室，千万不要去碰它。

9. 医生之笛

人体内部，进行血液活动的心脏、负责气体进出的肺，以及另一些有运动舒缩能力的器官，一刻不停地发出不同的声音。有经验的医生根据某个脏器发出的声音变化，就能确定它正常或是处于病理状态。最初,医生隔着一条手巾用耳朵直接贴着病人身体的适当部位来听音。这种方法不太卫生，而且因听到的范围比较广，难以准确辨别音响发生的部位。虽然如此，历史上有将近 1 500 年的时间，毫无发展地沿用这种方法。

1816 年的某一天，法国巴黎一所豪华的府第门前，"嘎吱"一声停下一辆急驶而来的马车，车上走下著名的医生雷内克，他是被请来给这儿的小姐诊病的。面容憔悴的小姐，在女仆的搀扶下，早已来到了客厅，她坐在长靠背椅子上，紧皱眉头，手捂胸口，看起来病情不轻。雷内克医生温和地问道："小姐，哪儿不舒服？"小姐指着胸口诉说病情后，雷内克怀疑她是患了心脏病。

101

若要使诊断正确，最好是听听心脏跳动的声音。但病人是位年轻小姐，不宜用耳朵直接贴着她的胸部来听诊。这可怎么办呢？雷内克在客厅内一边踱步，一边思考新的方法。为了不打扰他，其他的人一点儿也不敢走动和说话，客厅内的空气像凝住了一般，只有医生机械的脚步声，告诉着大家时间在流过。

听着自己的脚步声，突然雷内克的脑海里浮现出了邻居小孩在一根大圆木上嬉戏：一个小孩在一端用针刮划，另一个小孩把耳朵贴在另一端，就能清楚地听到沙沙声。终于，他由此事得到了启发，马上叫人找来一张纸，将纸紧紧卷成一个圆筒，一头按在小姐心脏部位，另一头贴在自己耳朵上。果然，小姐心脏跳动的声音，雷内克医生听得一清二楚，连其中轻微的杂音，他也听出来了，真是比直接用耳朵贴着胸部还清晰。他高兴极了，告诉小姐病情已经确诊，并且一会儿就开好了药方。

雷内克医生急匆匆地赶回家中，又找人专门制作了一根空心的木管，使用起来又方便又好，这就是第一个听诊器，与现在产科用来听胎儿心音的单耳式木制听诊器很相似。它的样子像根笛子，所以人们称它为"医生之笛"。后来，雷内克又做了许多次试验，最后确定，用喇叭形的象牙管接上橡皮管子，效果更好。

仅仅使用了一根"医生之笛"，为什么雷内克医生隔着胸脯，听到了原来不能听到的小姐心脏跳动的声音呢？我们还是先看一看声音究竟是什么。原来，各种声音并不是凭空发出来的，总是有一个物体在振动。我们敲一下锣，就听到锣响了，紧接着用手摸一摸锣面，就会觉得手有一些发麻，这就是锣面在振动。如果敲一下锣，又用手使劲把锣一按，锣面的振动停止了，也就听不到锣响了。当然，物体振动发出声音，声音传到我们耳朵里，才能听得到。是什么东西把它送到我们耳朵里呢？一般是靠空气。一个物体发生振动后，使它旁边的空气也振动，这部分空气的振动又带动前面的空气振动，由近到远，直到我们的耳朵。空气传播振动时，一般向着四面八方分散，当距离较远时，这种振动也很微弱，也就是能听到的声音很小。但是，除了空气能传播振动，木材、金属等固体也能传播振动，而且它们的传播本领比空气强，使用"医生之笛"时又让声音单方向传到医生耳朵里，所以雷内克医生借助"医生之笛"，能隔着胸脯听到小姐心脏跳动的声音。

10. 长明的航标灯

在靠近港湾的近海，为了使船只安全进出港，总要设置很多航标灯为夜航船指引航向。以前的航标灯一般靠专人专船去安装或更换电池，非常麻烦，费用也很大。

1940 年，英国工程师缪特尔发明了一种波浪发电机，利用海浪上下运动的力量驱动空气涡轮机发电，使航标灯点亮。它的原理并不复杂：当海浪上下波动时，浮体也上下运动，空气室中的空气不断受到压缩和扩张，如同风箱一样。受压缩的空气从露出海面的喷口处以极快的速度喷出，冲向涡轮机，使它快速旋转，这样就带动发电机发电了。

从此以后，绝大多数的航标灯都采用了这种装置。再也不用派人去为航标灯点亮了。

缪特尔工程师是一个善于思考的聪明人。他的别墅建在山上，经常停水，他便在别墅的房顶上设置了一个水池。他把一个家用的活塞式抽水机用连杆与别墅的大门连接在一起。每一个人推门进屋都可以给屋顶上的水池压上 20 千克的水。客人到别墅来都抱怨缪特尔家的大门太重了，开门特别费劲，建议他修理一下。缪特尔总是笑着说："不用修，这大门是我家水池抽水机的能源。你一推门，我用水就不犯愁了！"客人了解内情后，都夸缪特尔会动脑筋。正是这种善于想窍门动脑筋的性格使缪特尔成为一个拥有多项专利的发明家。

缪特尔还是一个做事非常执著的人。他认准了的事，千方百计也要做成功。

鸡蛋能不能在光滑的桌面上立住？这是一个古老的问题。

人们都认为这是不可能的，但后来却找到了两种解决的办法。

一种是大家熟知的哥伦布解法。他把鸡蛋往桌子上一磕，蛋壳碎了，但是鸡蛋立住了。谁也没像哥伦布这么做过、想过，哥伦布做了，并体现了一种超常的创新探索精神，这正是发现"新大陆"所需要的精神。

另一种是比较科学的巧妙做法。将鸡蛋一旋，鸡蛋在旋转中也立住了。

此后的几百年间，人们只把这个问题当作"脑筋急转弯"的题来考孩子。但还有一些人仍然不屈不挠地把它当作一个科学命题来研究，即如果不把鸡蛋磕碎，也不旋转鸡蛋，鸡蛋能不能立住呢？

缪特尔就是这些"钻牛角尖"的人中的一个。他把鸡蛋放到显微镜下观察，发现蛋壳表面是个起伏不平的粗糙面：高处的平均高度是 0.2 毫米，高点的平均间距是 0.8 毫米。在铅笔芯那样大的面积内，至少有 3 个以上的高点。从物理学的原理讲，只要鸡蛋的重心垂线通过这 3 个点的中间，鸡蛋从理论上讲就可以立起来。缪特尔反复进行了无数次的实验，真的把鸡蛋完好无损地静止地立起来了。

缪特尔就是这么一个极富智慧又具有认真分析观察态度的科学家。

有一次，缪特尔从英国乘海轮到法国去。傍晚时分，他看到航标工驾着小船去给航标灯更换电池。他想，海浪一起一伏的动力，为什么不利用来发电，解决航标灯的电源呢？从此，他与海浪结下了不解之缘，常常一个人坐在海边观察海浪，思索如何将上下运动的波能转变成高速旋转运动的机械能，从而带动发电机发出电力。有一天傍晚，他在海边呆久了，直到下起了小雨，他才匆匆往回赶。路途中，雨越下越大，缪特尔躲进一家铁匠铺避雨。看着铁匠太太的手一进一出地扯动风箱，他不禁心中一动。他冒雨冲回家中，连夜在地下室里忙了起来。经过 3 天的奋战，缪特尔造出了像风箱一样的空气活塞式波浪发电装置。

这个发电装置有一个直径 60 厘米、长 4 米的圆筒，上面设有两个活塞室，垂直沉下海去，部分浮出水面，活像一个浮标。当海浪上下波动时，活塞室中的空气不断受到压缩和扩张，如同风箱一样。受压缩的空气从露出海面的喷口中以极快的速度喷出，冲向涡轮机叶片，使它快速旋转，从而带动浮筒上面的发电机发电。缪特尔将发电装置送到海里试验，一会儿，浮筒上的灯果然亮了起来。缪特尔高兴极了，他又对发电装置做了一些改善，使发电性能更好。一个发电装置可以发 100 千瓦的电，完全够航标灯使用。

海洋波浪是由海上的风引起的海面上的水的运动。波浪的大小取决于风，风大浪就高，风小浪就低。在一个典型的海洋中部，8 秒的周期里就能涌起 1.5 米高的波浪，而大风暴掀起的海浪可高达 10 米以上。奔腾起伏的海浪，蕴藏着巨大的能量。据科学家测试，海浪对海岸的冲击力每平方米可达 20 ~ 30 吨，大的海浪甚至达到每平方米 60 吨。它像一个力大无穷的壮士，能将 10 多吨重的岩石抛到 20 ~ 30 米的高处，能把上千吨的混凝土防波堤连基冲垮，甚至还能把万吨巨轮掀到岸上去。在 1 平方千米的海面上，一起一伏的海浪蕴藏着 20 万千瓦的能量，全世界的波浪能总蕴藏量为 10^9 千瓦，是一笔取之不尽、用之不竭的能源。

波浪除了上下运动的能量，还有横向运动的能量和旋转运动的能量。缪特尔的成功，激发了人们向海浪要能量的热情。目前，世界上许多国家已经就不同方向运动的能量设计了不同的装置进行试验。

最常见的就是缪特尔发明的空气活塞式波力发电机。单个的这种发电机发电能力有限，现在科学家建造了装有许多个装置的波力发电船。这种船长 80 米，宽 12 米，重 500 吨，装有 20 个浮筒，在 3 米高海浪的水面上，能发电 2 000 千瓦左右。

现在，还研制出了一种固定式海岸波力发电装置。它把空气活塞室固定在海岸边，通过管道内水面的升降来代替浮筒的上下，使活塞室内的空气反复受到压缩和扩张，从而将横向运动的波能转化为机械能，带动发电机发电，每一个海岸固定式发电机容量为 1000 千瓦。

美国、英国、法国、日本等国在 20 世纪 90 年代还研制出一种更为经济的发电装置——气袋式波力发电机。科学家将一个个特制的软质气袋浮漂在海面上，再用链状轴将它们串连成排，如同一条横跨海面的粗大胶管。海浪扑打气袋，气袋里的空气受到压缩。被压缩的空气驱动空气涡轮机，再带动发电机发出电来。一套由 4 000 个气袋组成的波力发电装置，可以发电 2 000 万千瓦。

最近，日本又开发出一种叫"人造环礁"的波力发电装置，直径达 75 米，好像一个巨大的油煎环饼，只有顶部露出水面。海浪冲击环礁边沿，并从中央喷口喷出，冲击中间的涡轮机工作，发出电来。一个装置的发电量为 10 万千瓦。

自 20 世纪初期以来，人类就锲而不舍地探求发掘波浪能的方法。到 20 世纪末，科学家已卓有成效地研制出各种各样的波力发电装置。英国、美国、法国、日本、意大利等国已经开始利用波能发电，节省了大量能源。中国也在积极研制波力发电装置，并已投入试验。对于中国这样一个有漫长海岸线的国家而言，光是大陆沿海就至少有 1.2

亿千瓦的海浪能量等待我们去开发利用。

科学家预计，21世纪初，波力发电装置进一步改善以后，将大量投入使用。到21世纪中叶，波浪能将与石油、煤、风能、潮汐能等能源一样为人类服务。它不仅能让航标灯发光，而且能将光明送到地球的多个角落，照亮人类的生活。

11．诺曼底上空的电子战

1944年6月6日，英美联军在法国西北部的诺曼底发动了一场举世闻名的登陆大战役。这一大战役是英美联军著名的"霸王行动"的重要组成部分，目的是夺取集团军群登陆场，为开辟欧洲第二战场，发展对西欧的进攻，配合苏德战场最后击败纳粹德国创造有利条件。

第二次世界大战后期，德国希特勒已经到了穷途末路、困兽犹斗的地步。德军为了做最后的垂死挣扎，在诺曼底半岛的海岸线上构筑了"大西洋壁垒"的防线，妄图倚仗海峡天险抵挡预料中的英美联军的登陆。防线中设置的雷达如蜘蛛网般密集，以便密切侦察、监视英美联军的飞机、军舰的活动。这些雷达，在战役开始的前一个多月，便遭到英美联军的飞机和火箭猛烈袭击，摧毁了其中的80%。

"兵不厌诈"，为了不让敌人知道登陆的确切地点，英美联军于战役开始的前夕，也就是1944年6月5日，在多佛尔海峡组织了一次大规模的电子干扰佯攻。那天傍晚，在夜色掩护下，英美联军出动大量舰艇，艇上装载有角反射器，并拖着涂有铝粉的亮晶晶大气球，上空还用飞机抛撒了许多银灰色的金属箔条。角反射器有很强的反射电波能力，使德军雷达观察员误认为是大型军舰；上空抛撒的金属箔条，则造成有大批飞机掩护登陆的假象。另外，还在附近海岸空投入体模型模拟空降伞兵部队，又用一小批装有干扰机和投放金属箔条的飞机，模拟成飞向德国军队驻地的大规模轰炸机群。干扰时间长达3～4小时，成功地欺骗了德军的"眼睛"，使德军误认为英美联军出动了大量舰船和大批飞机，正向布伦方向攻来，赶忙调动许多舰船、飞机和防御部队进驻布伦地区，以防御英美联军从布伦登陆。

"调虎离山"计成功了。正当德军全神贯注设置新防线的时候，诺曼底登陆战役开始了。1944年6月6日凌晨1时，一场暴风雨刚刚过去，英美联军借助有利的气象条件，突然发起攻击。首先派出20架干扰飞机打头阵，干扰德军雷达的"视力"，使得残存的雷达发挥不了作用。随后出动了一支强大的部队，向诺曼底半岛发动了真正闪电式的进攻。德军做梦也没有想到，英美联军会从英吉利海峡抢渡，直到在诺曼底海滩发现蜂拥登陆的联军主力部队时，才如梦初醒。然而，大势已去，追悔莫及。英美联军没有遭到任何强有力的抵抗，顺利取得了诺曼底登陆战役的胜利。

电子战，在诺曼底"霸王行动"战役中大显身手，做出了不可磨灭的功绩，使联军的伤亡减少到最小程度，而德军损失惨重，仅联军俘获的德军就超过4万人。

在现代化战争中，这种敌对双方使用电子设备和器材进行干扰和反干扰的斗争，就叫"电子对抗"，对于这一新名词，有人干脆把它称为"电子战"。

确实，电子战不像枪战炮战，它没有用电子去消灭杀伤敌人，或者摧毁敌方阵地，而是侦察对方电子装备的性能和位置，干扰和破坏这些系统的正常工作，降低对方电子设备的效能，使雷达和无线电通信无法发挥作用，制导兵器（如导弹）失去控制，同时又保证自己的电子装备免受侦察、干扰和压制，使效能得到充分的发挥，成为一种名副其实的"无形的战争"。

电子战的应用范围非常广泛，目前应用较多的是雷达对抗和无线电通信对抗，它们分别是军队指挥联络和武器操纵控制不可缺少的"耳目"和"神经中枢"。在现代电子战中，谁压倒了对方的雷达系统和无线电通信系统，谁就在更大程度上取得了战争的主动权。上面所讲的在第二次世界大战中诺曼底登陆战役的故事，就是一个例证。

12．纳米"天梯"

古代有个传说，昆仑山的顶峰上有棵参天大树，不知有几千丈高，树顶直插蓝天，谁要是能够沿着这棵大树向上爬，爬到树顶，就能进入天庭。这棵树就是上天的天梯。

古人想上天，却不知道怎么上天，这才想出"天梯"这个主意。现代人对天梯做了分析。1982 年，科普作家朱毅麟在《我们爱科学》杂志上说，上天的天梯应该有 35 800 千米高，谁要是爬到了梯子顶上，就再也不会坠落。这个人就成为一颗地球同步卫星，待在天上了。

朱毅麟又说，几万千米高的梯子底部必须是直径 358 千米粗的柱子，才能支撑得住，才不会被自己的重量压弯。天哪，底座那么粗，竟相当一个江苏省的面积。

到了 90 年代中，一位外国科学家也谈到了天梯。他说，从同步卫星上，扔下一副绳梯来，一直垂到地球表面，人就可以顺着绳梯爬上天去。他说的绳梯，不是麻绳，也不是尼龙绳，普通的绳子都很重，支持不住自身的重量——35 800 千米长的重量。采用碳纳米管来做绳梯，就能支持得住自身的重量。

碳纳米管，是一个十分新鲜的名词。碳，是人们很熟悉的，做铅笔芯的石墨就是碳，很纯的碳。碳纳米管，是指用碳做成的细管，这种管子很细，细到不能用普通的尺子来度量，必须使用精确到纳米的尺子。

纳米，是 1 米的十亿分之一。十亿分之一，没有一个形象的概念，不妨算算看：一个身高 1 米的儿童，假如身高缩小到千分之一，也就是 1 毫米的时候，就只能与一根圆珠笔芯比高矮了；再缩小千分之一，成为 1 微米，就没有头发丝粗了，一根头发丝还有 70 微米粗呢；再缩小千分之一，那么这个儿童就小得用电子显微镜都看不见了。

纳米的尺度的确很小，人眼是看不清的。随着新型显微镜的出现，人们看得清只有 1 纳米大的物质了，看得见原子了，于是就出现了一门新技术：纳米技术。

碳纳米管，就是用纳米技术造出来的新材料，了解它们特性的专家说，它们可能成为未来理想的超级纤维。

1985 年，美国科学家克劳特和斯莫利等用激光束去轰击石墨表面，意外地发现了碳 60。他们分析，它是一个由 60 个碳原子构成的空心大分子。对不对呢？当时还不能十分肯定。

1990 年，科学家用最新的显微镜——扫捕隧道显微镜进行了观察，看到了碳 60 的直观形象。碳 60 的外形，特别像一个足球，中心是空的，外边围绕着 60 个碳原子，碳原子组成了 12 个五边形和 20 个正六边形。碳 60 有一个别名：巴基球，一个巴基球的直径是 0.7 纳米。

科技人员很快就发现，碳 60 可能是实现超导的好材料。我国北京大学对碳 60 进行研究，把实现超导的温度提高了将近一倍。

人们对巴基球给予了更大的期望，并且以极大的兴趣发现，巴基球还可以做得更大，再增加 10 个碳原子，还可以做成碳 70。有人认为，如果不是只用 60 个碳原子，而是用 9×60 个碳原子制成碳 540，那么在室温条件下就可以实现超导。

能不能实现？怎么实现？

碳60的发现已经获得了诺贝尔化学奖。科学家又在想，碳原子不仅可以排列成足球的形状，而且可以排列成圆筒形。球形只能扩大，成为越来越大的球；圆筒形却可以加长，越加越长，成为一根纤维。

现在，碳纳米管已经制成，它的直径是 1.4 纳米，每一圈是由 10 个六边形组成的。要进一步增强它的强度，需要做到长度跟直径之比达到 20∶1。

碳纳米管的出现，为制造天梯带来了希望。不过，眼前的碳纳米管的数量少得可怜，在实验室里，一次只能制造几克。而当作材料来使用的话，碳纳米管必须每次能制造出几吨或几十吨。这就意味着必须找到大量生产的新方法。

科学家预言会找到新方法，不过他们又坦率地说，现在还不知道新方法是一个什么样的过程。

碳纳米管是靠纳米技术制造出来的新材料，它的特点是基本颗粒特别细微。我们现在使用的常规材料的基本颗粒，看起来很细，实际上很粗。说细，也许它的直径可以细到几毫米、几微米；说粗，是说它含几十亿个原子。而纳米技术生产的材料，颗粒非常细微，只含几十个到几万个原子。

超细微的颗粒，组成了纳米材料，立即展现出种种奇异的性能：

纳米铁的断裂应力比常规铁一下子提高了 12 倍；

纳米铜的强度比常规铜高 5 倍；

纳米陶瓷是摔不碎的；

用纳米级微粉制出来的录像带真正地实现了高保真、图像清晰、噪音少；

……

常规材料的历史是几千年、几百年，而现在的纳米材料，历史只有几年、十几年。对常规材料，我们已很熟悉，知道的比不知道的多；对纳米材料，我们非常陌生，不知道的比知道的多。

13. "长耳朵"的山洞

山洞长有耳朵，你一定不会相信。但是，世界之大，无奇不有，有些山洞的确像长有耳朵一样，哪怕你在洞底喃喃细语，洞口的人也听得清清楚楚。

意大利西西里岛就有这样一个奇特的山洞。它从洞顶到洞底深40米，人在洞顶贴耳俯壁细听，可以听到洞底人的呼吸声，如果讲话，更是听得一清二楚。这个洞有一个奇怪的名字，叫"狄阿尼西亚士的耳朵"。关于它有这样一个传说：

古时候，意大利有一个名叫狄阿尼西亚士的暴君，他凶暴残忍，阴险狡猾。人民为他做牛做马，不敢乱说乱动，稍有不慎，就会被投进监狱。狄阿尼西亚士的监狱设在一个山洞里，看守成天伏于山顶洞口，用耳朵监视犯人。犯人之间的交谈、对统治者的不满言论、筹划中的越狱行动，一字一句都会被看守听到，然后汇报给狄阿尼西亚士，许多人因此而惨遭杀害。犯人不知怎么回事，处处小心，讲话也细声耳语。然而，看守仍然知道他们讲的内容。犯人终于明白了，囚洞处处有耳。从此，这个山洞就被叫做"狄阿尼西亚士的耳朵"。

中国四川北部的大巴山也有这样一些怪洞，当地人把它们叫作"偷听岩"。大巴山以前的习俗，要把新婚夫妇送到怪洞里去度过新婚之夜，以表示对自己祖先的告慰。这个怪洞便成为新人名副其实的洞房。新人在洞子里无论怎样小声讲话，都会有同声应答，洞外的人也听得清清楚楚。一些年轻人为了偷听新人的悄悄话，往往要守一个通宵。第二天，他们便用新人的私房话去取笑新人。

这些长有"耳朵"的山洞，其实就是回声在作怪。世界各地有许多类似的回音洞、回音山、回音谷、耳语壁、琴声石等音响怪地。欧洲还广泛流传着一个"回音鬼和小玛丽"的童话。童话讲的是很久以前，有一个名叫玛丽的小姑娘，唱出的歌声美妙动听，远近闻名。小玛丽家的附近有一座高山，山里住着一个回音鬼。他十分迷恋小玛丽的歌声，每当小玛丽到山里唱歌的时候，他都要学着唱。小玛丽唱一句，回音鬼就跟着唱一句。一高一低，非常有趣。小玛丽很想见见回音鬼，却始终见不着。后来，她出嫁到城市里去了，再唱歌，也听不到回音鬼的和声了，她就再也不唱歌了。

山洞长"耳朵"也好，回音也好，这都是一种声音反射现象。声音在传播过程中，遇到障碍物时，会改变传播方向。物理学把这叫作声音的反射，反射回来的声音叫作"回声"。我国著名的四大回音建筑：北京天坛的回音壁、河南的蛤蟆塔、四川的石琴和山西的莺莺塔，都独具匠心地利用了声音反射原理，具有奇妙的回音效果。

例如，天坛回音壁就是一个很好的声音反射体。它的砖墙平顺坚硬而光滑，反射性能很好。当人们在甲点讲话时，声音沿着圆形的围墙，从一点反射到另一点，几次反射以后，最后到达乙点。由于砖墙对声能的吸收很少，所以声音在围墙上被不断反射，不像在空气中传播时容易散开减弱，虽然它已经传播了很远的距离，到达乙点时，听起来还很清楚。可是，当人们面对树林叫喊时，为什么却一点回音也听不到呢？这是因为，声音遇到树干、树枝、树叶等凹凸不平的物体时，会向各个不同的方向反射。这种情况叫作声波的散射。散射使一部分声波能量被树枝、树叶吸收，返回的声波很弱，有时还被其他方向的声波抵消了，不能形成清晰的回声。所以，表面规则（如平面）、光滑、坚硬的障碍物反射性能较好；表面凹凸不平、粗糙、多孔的障碍物反射声音的能力较差。

根据回声原理,声学专家和建筑专家在建筑剧场、音乐厅、演播室、电影院等时,为了取得最佳音响效果,对建筑结构的形状、大小都要精心设计,选择好恰当的建筑材料。而根据声音反射原理制成的声纳,与其他高科技结合在一起,在 20 世纪中后期已广泛应用于海洋探测,成为国防及航海业不可缺少的"眼睛"。

14. 麻雀为何电不死?

我们大家都知道,高压线有几千伏到几万伏的电压,如果人站在地面上触到带电的高压线,就有触电身亡的危险。

这天,黄刚跟小强早早就来到了城边的鸟市,他们不是来买鸟的,而是来观赏鸟的。这里的鸟可多啦,除了卖主的叫卖声,更多的声音是鸟儿的鸣叫声,有黄鹂在歌唱,有鹦鹉在学舌,有独唱,有二重唱,有小合唱……

望着这些活泼漂亮的小鸟,听着这悦耳的声音,小强不禁感叹起来:这些又可爱又可怜的小鸟,一定非常向往蓝天。让这些小生灵返回大自然,自由自在地在天空中、树林里飞翔、鸣叫,那该多好啊!小强把目光转向了城外,转向了头顶上的空间,多么晴朗的天空啊!

忽然,小强站在那里不动了。黄刚拽了一下小强的袖子,催他跟着人流往前走,可是小强仍直勾勾地望着远方高处。

黄刚说:"喂,发什么呆呀!你是来看鸟呀,还是来望天呀?"

"我不是望天,"小强用手指着高处说,"你看那不远处的高压线上,站着一排小鸟。"

黄刚顺着小强手指的方向望去，果真有不少麻雀，站在高压线上。黄刚说："这有什么可瞧的，这鸟市这么多小鸟幸福地生活在饭来张口的鸟笼里，自然会招来它们同类的羡慕，也许是嫉妒……"

小强性急地打断了黄刚的联想："我不是让你讲这些，你看那些麻雀站在哪上了？"

"这不明摆着，站在高压线上。"黄刚有点不明白了，这王小强究竟琢磨什么呢？

"我问你，假如你站在高压线上会怎么样？"

听了小强的话，黄刚大叫起来："我疯啦！干嘛偏要上那鬼地方！"

"别叫，"小强说，"我说的是假如。你说会怎么样？"

黄刚说："能怎么样？不是掉下来摔死，就是被电死！"

小强说："假如人站在高压线上会被电死，那么小麻雀也会被电死，可是那些小麻雀为什么仍活得好好的？"

"哎呀，对呀，"黄刚一拍脑袋，"我怎么就没有看出问题来呢？小强，还是你聪明，你善于观察、善于动脑筋。"

小强不耐烦地说："你什么时候学会恭维人了，你说麻雀为什么没有被电死呢？"

我们可以从电灯谈起。

给电灯接线时，必须接上两根线——火线和地线，如果只接一条线或切断一条线，电灯就不会发光，因为电路不通。

当人们站在地面上时，不与电线中的火线接触，身体就不会有电流通过，也就不会触电。如果穿上绝缘性能很强的胶鞋，用手去摆弄火线也不触电，因为胶鞋把人的身体与地面隔开了，换句话说，此时人的身体与大地绝缘了，身体接触的只是一条火线，不会有电流通过身体。

麻雀停留在高压线上时，身体只接触了一根电线，不管是地线还是火线，反正不会有电流从麻雀的身体通过，只要麻雀没有同时接触两根电线，即便是万伏高压线，也不会把麻雀电死。

15. 永远达不到的绝对零度

地球上的低温记录出现在南极，最低曾达到－88.3℃，比月球的温度还要低一些，背太阳一面最低达－183℃，离太阳最远的冥王星，估计温度在－240℃以下。有人推测宇宙间超冷区的温度，大体上是－273℃，到了这个温度，物质分子平均内能将降低到零，热运动完全停止。世界上所有气体的压强（体积一定时）或者体积（压强一定时）都要化为乌有。这是物质系统能量达到最小的温度，所以－273℃（精确值是－273.16℃）便被称为"绝对零度"。

究竟存不存在一个绝对零度？我们能不能达到这样低的温度？这件事引起了许多科技工作者的兴趣，他们开始了向绝对零度进军。

在19世纪20年代，法拉第首先发现：在相当低的温度下，给某气体施加足够大的压力，就会使它们变成液体，这些液体一旦制成，又成了一种极好的冷却剂。因为，当它们在减压条件下蒸发而变成气体的时候，会从周围环境吸收热量，使温度降得更低。经过十几年的努力，物理学家获得了－110℃，使当时已知的很多气体冷却为液体或固体。但就是在这样的低温下，有些气体仍不能变成液体，如氢、氧、一氧化碳、一氧化氮、氦等，所以人们把它们称为"永久气体"。

为什么永久气体不能被液化呢？科学家发现，任何一种气体都有一个临界温度，高于这个温度，无论施加多大压力也不会被液化。这是因为气体分子间既有排斥力，又有吸引力；气体的种类不同，分子吸引力的大小也不同。永久气体之所以不能被液化，就是因为分子间的吸引力很小，不易被液化，究其原因是临界温度很低。要想液化永久气体，必须获得更低的温度。

一个世纪以前，德国科学家林德等人采用压缩——绝热膨胀法和抽除液面蒸气法，获得了氧气和氮气的液滴。他们的试验是这样进行的：往容器里装进气体，施加高压，气体体积缩小，分子运动加快，温度上升，接着通过冷却剂的蒸发吸热，带走热量，把受压气体冷却到原来的温度。最后断绝容器热量的出入，让受压气体通过狭窄的口子急剧膨胀，对外作功，由于得不到外界热量供应，只好消耗自身的内能，这样就可以得到很低的温度。如果把液化了的气体密封到一个容器里，让他蒸发，并在蒸发的过程中抽掉液面上的蒸气，也就是夺走运动最快的分子，实行多级串联，一级一级地逐次进行，就可以把温度降得更低。林德等人把这两种办法结合起来使用，不但获得了液化的氧气、一氧化碳和氮气，而且还创造了－225℃的低温记录。

1898年，苏格兰化学家杜瓦正根据压缩—绝热膨胀原理，在－253℃的低温下液化了氢气。一年后，他又用抽除液面蒸气法得到了固态氢，达到了更低的低温－261℃和－263℃。

荷兰物理学家翁内斯花费了半生的精力，终于在1908年，把最顽固的氦气转化成了液体。在液化氦气的同时，还发现了一些物质在超低温下的奇异性质，如超导现象和超流现象。这些发现，鼓舞着科学家继续向绝对零度进军。

1925年，荷兰物理学家德拜找到了一种获得超低温的新方法——绝热去磁法。把一种顺磁物质放到1K的液氦上边，加一个强磁场，使顺磁物质分子从杂乱无章到按磁场方向整齐排列，会放出一部分热量，这热量让液氦带走。接着在不让热量传入的情况下突然把磁场去掉，顺磁物质的分子从整齐的有序的排列恢复到无规则状态，同时

117

消耗自己的热量，于是液氦的温度进一步下降了。后来，美国化学家吉奥克改进了这种方法，反复进行这个步骤，于 1957 年，创造了 0.000 02K 的低温新纪录。

后来，德国物理学家伦敦又发明了氦^{3}和氦^{4}淡化致冷的新技术——稀释致冷法。氦^{3}和氦^{4}是氦的两种同位素，它们通常是混合在一起的，当温度降低到开氏零点几度时，它们会分成两层：氦^{3}主要在上层，其中溶解有氦^4；氦^{4}主要在下层，其中溶解有氦^3。温度进一步降低，上层里氦^{4}越来越少，最后等于零，但是下层里的氦^{3}却始终保持着一定的浓度。如同抽除液面蒸气法一样，人们从下层抽去活泼的氦^3"蒸气"，上层的氦^{3}就会"蒸发"下来补充。结果使整个氦液的温度下降。如果连续反复进行这个过程，使氦^{3}不断从上层移向下层，液氦的温度就能不断降低。

由于使用了一系列的"降温"新技术，现在人们已经获得了 0.000 000 1K 的最低温度，距离绝对温度就剩下千万分之一度了。只要再努一把力，不是就达到了吗？

可是，德国物理学家斯脱却为这种努力泼了一瓢冷水，他指出用有限的手段使物体冷却到绝对零度是不可能的。有人还说，这个温度永远也达不到。但科学家并没有放慢向绝对零度进军的步伐。

16. 真空真的是空的吗？

1654 年，科学家葛利克做过一个名垂科学史的实验。他用铜精制了两个大半球，并将它们对接密封起来，用他自己发明的抽气机将球内空气抽出，用 16 匹马背向对拉两半球，马最终竭尽全力才拉开。这表明我们周围并非什么都没有，而是充满空气，它对物体施加压力

（球内空气密度因抽气远小于地球外的，这导致球外压力远大于球内的）。球内经抽气后的空间叫作"真空"。

真空其实不空。直至今天，科学家都不能完全排除甚至某一小范围内的空气。电视机显像管需要高真空才能保证图像清晰，其内真空度达到几十亿分之一个大气压，即其内 1 立方厘米大小的空间有好几百亿个空气分子。在高能加速器上，为防止加速的基本粒子与管道中的空气分子碰撞而损失能量，需要管道保持几亿亿分之一个大气压的超高真空，即使在这样的空间，1 立方厘米内还有近千个空气分子。太空实验室是高度真空的，每立方厘米的空间也有几个空气分子。

上述以抽出空气方式得到的真空叫作"技术真空"，它并不空。科学家称技术真空的极限，即完全没有任何实物粒子存在的真空，为"物理真空"。它非但不空，而且极为复杂。按照狄拉克的观点，它是一个填满了负能电子的海洋。20 世纪 20 年代，英国物理学家狄拉克结合狭义相对论和量子力学，建立了一个描述电子运动的方程。它一方面十分正确地描述了电子运动，另一方面又预言了科学家当时尚未认识的负能量电子。自然界一切物体的能量总是正的。高山流水有（正）能量，能冲刷堤岸，推动机器。高速运动电子有（正）能量，能使电视荧光屏发光。电子具有负能量，就意味着加速它时，它反而减速；向左推它时，它向右运动。而且电子总处于放能过程中，如同高山流水总往低处流一样。电子的能量将越来越负，高山流水最终还只能流到大海，电子能量则将负至无穷。这意味着一切宏观的物体均将解体。这显然是荒谬绝伦的。按照量子力学，两个电子不能处在完全相同的状态上，就如一个座位通常只能坐一人不能坐两人一样。狄拉克认为，所有负能状态通常是"满员"的，被无穷多的负能电子占据。因此，正能电子其实是不能永无止境地发射能量的，其能量甚至不能降至零。这意味着，即使一个没有任何实物粒子的空间，也是一个充满无穷多个负能电子的大海。一个负能电子可通过吸收足够多的能量而转变为具有正能量的普通电子，尔后在负电子海洋中留下一个空穴，即少了一份负能量和一个负电子，这相当于给了海洋一个带正电荷和正能量的反电子（或正电子）。1932年，美国物理学家安德逊果然找到了它，狄拉克的理论也终为大家所接受。质子和中子也有负能反粒子，物理真空还可分别由它们（负能质子或负能中子）填充。在物理真空中，正、反粒子对可不断地产生、消失或消失后又产生，它们生存时间短，瞬息万变，迄今还未被观测到，被称为"虚粒子"。它们在一定条件下可产生一些物理效应。例如，一个重原子核周围的虚核子（反质子和反中子）在强电场作用下，会排列起来，出现正负极性，称为"真空极化"，这将影响核外电子的分布，导致原子核结构改变。

粒子（如电子）与反粒子（如电子）碰到一起，变成一束光，反之，一束强光也可从物理真空中打出粒子与反粒子。质子与中子等并非终极基本粒子，而是由更基本的"夸克"组成的。夸克有六种，即上夸克、下夸克、粲夸克、奇夸克、顶夸克和底夸克。

它们不能脱离这些粒子而单独存在，它们似乎被一种强大的力"囚禁"了起来。按照"口袋模型"（1974年），粒子就如物理真空中运动的口袋，口袋里装有夸克，夸克间存在很微弱的相互作用，由一种叫作"胶子"的粒子传递。粒子衰变或破碎为两种或两种以上的其它粒子时，可看作一个口袋变成两个或两个以上的口袋。同样，两个或两个以上的粒子聚合成一个大粒子，就相当于多个口袋合成一个大口袋。于是，在破碎和聚合过程中永远找不到单个夸克。口袋的分解或聚合就如液体（如肥皂水）中气泡的分解和合成。气泡内气体分子是自由运动的，大气泡可以分解成小气泡，小气泡也可合并成大气泡。若基本粒子如小气泡，则物理真空就如液体。这种液体性质独特，它只能一对对地产生气泡，或一对对地消失。按照口袋模型，口袋里面

（或气泡里面）叫作"简单真空"，外面是"物理真空"，这形成真空的两种"相"。物理真空在一定条件下可变成简单真空，就如日常生活中三相间的转变一样。固体受热变液体，液体受热变气体，这些只需几百度或成千上万度就可发生。温度高达几十万、几百万或几千万度时，气体原子就要解体，变成叫作"离子"的带电粒子。同样，温度足够高时，口袋也将解体，质子、中子等基本粒子不再是基本的物质形式，它们将成一锅由夸克和胶子组成的高温"粥"，称为夸克 - 胶子等离子体，物理真空也就成了简单真空。

计算机模拟实验表明，物理真空熔化为简单真空需 2 万亿度以上的高温，这个熔化的物理真空也叫"熔融真空"。重原子核可以包含上百个质子和中子，其内空间正常状态下是个很好的物理真空。科学家希望通过碰撞来加热它，使其熔化，获得简单真空。目前在高能实验室中，质子和原子核间的碰撞能量已达几百兆电子伏特，这已相当于将原子核（局部）加热到了几万亿度，但由于质子（与原子核比较）太小，只将原子核穿了一个洞，并未将整个原子核熔化。科学家正在设法利用重原子核间的碰撞来实现熔融真空。熔融真空实验之所以重要，不仅在于它能直接检验关于基本粒子结构的一些理论假设，还在于其实验结果可能有助于科学家理解宇宙的早期演化。

按照大爆炸模型，我们的宇宙始于约 200 亿年前的一次巨大爆炸。爆炸发生的一瞬间，温度远远超过熔融真空所需的温度，故早期的宇宙应是夸克 - 胶子等离子体。随着宇宙的膨胀，温度逐渐降低，简单真空转化过程中，应存在由 50 个或以上的夸克所组成的物质结构（通常的粒子只包含 2 个或 3 个夸克）。熔融真空实验是对这种早期宇宙演化的模拟，是一种理解宇宙演化的重要手段。为测量真空熔化时放出的大量粒子，需在非常小的锥体内同时测量上千个粒子。迄今还没有人能够在一次碰撞事例中测量上百个粒子。科学家即使使用他们最熟悉的乳胶探测器，尽管其分辨率很高，也无能为力，它也不适于探测高能加速实验中的夸克－胶子等离子体。这些困难经常困扰着科学家并激励他们去解决。

17．4℃时的水

在4℃时，水的密度为什么最大，这里介绍一种比较常见的解释。

我们知道水的密度比冰的密度大，这是因为液态的水在凝固成冰的时候，分子间的相互作用力使分子按一定的规则排列，每个分子都被四个分子所包围，形成一个结晶四面体。这种排列方式是比较松散的，使得冰晶体中的分子间的平均距离大于液态水中的分子间的平均距离。在液态水中，分子的排列比较混乱。分子在液态中的运动虽然比在冰中更自由，但分子与分子间的平均距离比在冰中更小，所以水的密度比冰的密度大。

用X射线研究液态水的结构时，发现液态水中在一定程度上还保留着非常微小的冰的晶体。根据推算，在接近0℃的水里，约包含着0.6%的这种微晶体。当温度逐渐升高时，这种微晶体逐渐地被破坏，由于这种微晶体有较小的密度，所以微晶体被破坏就会引起密度的增加。因此，在水中有两种使密度改变的效应：使密度变小的效应，即当温度升高的时候，水分子的热运动更剧烈了，分子间的距离变大了，因而引起密度的减小；使密度变大的效应，即当温度升高时，水中的微晶体逐渐地被破坏，引起密度的增大。在4℃以上，水的温度升高时，第一种效应占优势，水的密度减小，体积增大。在4℃以下，水的温度升高时，第二种效应占优势，水的密度增大，体积减小。因此，水在4℃的时候，密度最大，这就是水的密度反常变化的原因。

18. 包在皮袄里的冰为什么不化？

假如有人一定要你相信，说皮袄根本一点也不会给人温暖，你要怎样表示呢？你一定会以为这个人是在跟你开玩笑。但是，假如他用一连串的实验来证明他的话呢？譬如说，可以做这样一个实验：拿一只温度计，把温度记下来，然后把它裹在皮袄里。几小时以后，把它拿出来。你会看到，温度计上的温度连半度也没有增加。原来是多少度，现在还是多少度。这就是皮袄不会给人温暖的一个证明。而且，拿一盆冰裹在皮袄里，另外拿一盆冰放在桌子上。等到桌子上的冰融化完之后，打开皮袄看看：那冰几乎还没有开始融化。那么，这不是说明皮袄不但不会把冰加热，而且还会使它的融化减慢吗？

你还有什么说的呢？你能够推翻这个说法吗？你没有办法推翻的。皮袄确实不会给人温暖，不会把热送给穿皮袄的人。电灯会给人温暖，炉子会给人温暖，人体会给人温暖，因为这些东西都是热源。但是，皮袄却一点也不会给人温暖，不会把自己的热交给别人，它只会阻止我们身体的热量跑到外面去。温血动物的身体是一个热源，他们穿起皮袄来会感到温暖，正因为这个缘故。至于温度计，它本身并不产生热，因此即使把它裹在皮袄里，它的温度仍旧不变。冰呢，裹在皮袄里会更长久地保持它原来的低温，因为皮袄是一种不良导热体，是它阻止了房间里比较暖的空气的热量传到里面去。

这样的话，冬天的雪也会保持大地的温暖。雪花和一切粉末状的物体一样，是不良导热体，因此它阻止热量从它所覆盖的地面上散失出去。用温度计测量有雪覆盖的土壤的温度，它常常要比没有雪覆盖的土壤的温度高出 10℃ 左右。雪的这种保温作用，是农民最熟悉的。

所以，对于"皮袄会给我们温暖吗？"这个问题，正确的答案应该是，皮袄只会帮助我们自己给自己温暖。如果把话说得更恰当一些，可以说是我们给皮袄温暖，而不是皮袄给我们温暖。

19. **鱼雷为何能自己寻找目标？**

鱼雷被用作海战武器，已经有 *100* 多年的历史了。人们为了提高鱼雷的速度和命中精度，在它的动力和控制系统方面想了很多方法。为了让鱼雷发射后，能按照指挥员的命令，隐蔽在水中匀速、定向、定深航行，准确地击中敌舰，不仅要求发射鱼雷的舰艇必须占领有利阵位，而且要瞄准得十分精确。否则，敌舰艇发现鱼雷航迹，就可以立即进行躲避，或因瞄准、计算有点误差，鱼雷就难以命中敌舰艇。那么，有什么办法能使发射的鱼雷，像海狮捕鱼一样，使敌舰艇无法逃遁呢？

人们在生产实践中，根据声波能在水中传播的原理，在第二次世界大战末期，研制成功一种能自动发现并跟踪敌舰的鱼雷，叫作"自导鱼雷"。它不是用无线电遥控来操作的，而是由它自己的"大脑"来操纵航向和跟踪敌舰艇的。

鱼雷的"大脑"，就是雷体前段的音响自导系统。

音响自导系统是怎样自动发现和跟踪敌舰艇的呢？

当你捉蟋蟀时，只要仔细辨别出蟋蟀发声的方向，就可以找到它的位置，把它捉到手。自导鱼雷同人们捉蟋蟀的办法相仿，它是利用敌舰航行时所产生的声场，而去发现和跟踪敌舰艇的。

舰艇在航行时，螺旋桨不停地转动和打水，就产生了声波，鱼雷的音响自导系统内的接收装置，收到传来的声波信号后，将声能转换成电能，从而产生电压，有了电压以后，音响自导系统便开始工作，自导鱼雷这就发现了敌舰艇。

自导鱼雷发现敌舰艇后，又是如何自动跟踪敌舰艇的呢？这就要看接收装置上四组对称线圈的本领了。因声波传来的方向不同，线圈所产生的电压也就不同，于是形成电压差。当声波来自鱼雷左方，左组线圈产生的电压大于右组线圈产生的电压；当声波来自鱼雷的右方，则右组线圈产生的电压大于左组线圈所产生的电压。由于电压的不同，垂直舵产生一个舵角，鱼雷便向电压大的方向行驶。声波来自鱼雷的正前方，则左右两组线圈产生的电压相等，电压差为零，垂直舵就不产生舵角，鱼雷就一直向前行驶。对来自上方的声波，一接收装置的上组线圈产生的电压大于下组线圈产生的电压，输送给横舵的电压是来自上方的，所以横舵摆动上浮舵角，使鱼雷向上航行。反之，鱼雷向下航行。

自导鱼雷靠它的"大脑"来操纵掌握方向的垂直舵，控制上浮、下潜的横舵。鱼雷有了音响自导系统，像长了敏锐的眼睛和耳朵一样。只要在它的有效距离内，就能自动发现和跟踪从海上或水下来犯的敌舰艇，并把它炸沉海底。

20. 舰炮为何能在风浪中打中目标？

海军战士，以海为家，"不管风吹浪打，胜似闲庭信步"。他们不仅要战胜晕船，适应海上生活，还要在摇摆的舰艇上，稳、准、狠地打击敌人。

炮要打得准，首先要瞄得准。陆地火炮炮架平稳，瞄准手从瞄准具中，比较容易对准和跟踪目标。而舰艇在风浪中摇摆，舰炮的炮架也跟随舰艇摇摆，怎样才能打中目标呢？

原来，在舰炮的两边有两个瞄准具，还有两个可以上下或左右转动炮身的瞄准机。舰炮打得准不准，主要靠两个瞄准手，不管舰艇怎样摇摆，随时转动瞄准机，从瞄准具中紧紧盯住敌舰，及时地击发。

在现代舰艇上，通常都有能自动计算和控制舰炮瞄准射击的仪器，这种仪器叫作"舰炮射击指挥仪"。射击指挥仪由炮瞄雷达、计算机和带动火炮转动的执行机构等组成。有了它，舰炮就可以自动瞄准了。人们把炮瞄准雷达的天线装在舰艇的"稳定瞄准部位"上，不致受风浪的影响，始终保持水平。

这是为什么呢？

原来，射击指挥仪系统中有一个水平仪，它主要由两对电动高速转子组成。一对转子的转轴与舰艇艉线平行；另一对转轴指向舰艇正横（与舰艇艉线垂直）的方向，都是水平的状态。当转子高速旋转时，水平仪的底座虽然跟随舰艇摇摆，但转轴依然保持原来的水平指向。它随时可以测出舰艇横摇和纵摇的大小。经过电信号的传送，控制"稳定瞄准部位"保持水平稳定。只要雷达一发现目标，不管风吹浪打，都能紧紧"咬住"目标，并自动跟踪瞄准。再通过传动系统，不断地将测得的目标坐标送到射击指挥仪的计算机，计算机可以根据各种仪器传来的我舰舰向、航速和水平仪送来的摇摆角，进行摇摆修正，计算出射击要素，并将这些要素送到执行机构，执行机构将电信号变成机械转动，带动火炮旋回和俯仰，使火炮每时每刻准确地跟踪瞄准目标。舰炮上还有自动运弹、装填、退壳等机械，利用这些自动化设备，从发现目标开始，只需要十几秒钟就能进行反击。这就大大地缩短了武器的准备时间，以便对付敌人现代快速的袭击兵力和兵器。

21．哈哈镜

　　哈哈镜逗人笑。在这个哈哈镜前，自己的像变得细小瘦高；在那个哈哈镜里，又变得矮小粗胖。还有的，头小身子大；要不又反过来，头大身子小……总之，哈哈镜的像都发生了变形。我们在哈哈大笑以后，一定注意到哈哈镜有个共同的特点——不平。同一块哈哈镜上，往往有一部分凸出来，而另一部分又凹进去。

　　在这里，我们还可以提醒大家，哈哈镜里的虚像变化只有两个基本类型：放大和缩小。现在，请你思考一下。哈哈镜为什么会变出许多不同的虚像来！

　　一面哈哈镜往往包含着三种镜子。一种是平面镜，镜中的人像与真人大小相等，我们平常用的镜子就是平面镜。另一种是凸面镜，镜中的虚像是缩小了的像，汽车驾驶室旁的反光镜就是凸面镜。还有一种是凹面镜，人与凹面镜的距离小于一倍焦距时，成为放大的虚像，显微镜的反光镜就是凹面镜。

　　如果平面镜和凸面镜结合，制成直立的圆柱形镜面，直立的高是平直的，而横方向的宽却是一个凸面。这时候照出来的像，高矮不变，宽窄却缩小，整个人像就成了一个瘦高条。

　　把三种镜子做在一块镜面上，变化就更多了。当人站在镜前，各种镜面都按各自的成像规律成像，人的不同部位分别成为放大或缩小不同倍数的像。由于镜面是连接在一起的，所成的人像也是一个整体，哈哈镜中就成了多变的畸形人像。

　　物体不但平动的时候有惯性，转动的时候也有惯性。比如，花样滑冰运动员在冰上做旋转动作，两腿停止用力以后，身子还能疾速地转个不停。这就是转动惯性，芭蕾舞演员也常常利用转动惯性，使身子旋转起来。

进一步观察，我们还会发现在运动的过程中，转动惯性的大小是可以改变的。花样滑冰运动员在旋转的过程中，速度可以加快，也可以放慢。运动员收拢双臂和悬着的那条腿，转动速度就加快；平伸双臂，腿也伸开，转动速度明显地慢了下来。

你知道这是什么原因吗？

平动物体惯性的大小仅与物体质量有关，质量大惯性也大，质量小惯性也小。转动物体的惯性，不但与质量的大小有关，而且与质量的分布有关，质量分布离转动轴远，惯性就大，质量分布离转动轴近，惯性就小。

花样滑冰运动员旋转的时候，两臂平伸，伸开一条腿的时候，身体的一部分就移到离转动轴比较远的地方。转动惯性增大，旋转速度就慢；收拢双臂和腿的时候，这部分质量就转移到离带动轴比较近的地方，转动惯性减小，旋转速度就明显地加快。

22．人为什么提不起自己呢？

张飞是一员猛将，有人问他："你力气大，你能不能把自己从地上提起来呢？"他抓住头发使劲向上提也不能把自己提起来。

就算抓头发不是办法，换个办法，用手抱住自己的身体向上用力，任何人也无法使身体离开地面。

还有一种类似的情况：人坐在车上，用绳子拉车，不能使车前进；车向前行驶，人在车上拉紧拴在车上的绳子，车也不会停下来。

这就是说：一个物体只靠内部的互相作用，不能改变物体重心的运动状态。

可是，骑自行车刹车的时候，闸皮紧紧抱住车轮的瓦圈，车就停了下来。那么，能不能说"只靠闸皮和车轮的瓦圈，就使自行车停了下来呢？"

骑自行车，手捏车闸，车就停下来，不仅仅是闸皮和车轮相互作用的结果，也是车轮与地面摩擦力增大的结果。车轮原来与地面是滚动摩擦，刹车后变为滑动摩擦，摩擦力加大以后，车才停下来。

这也是说明，只靠闸皮和车轮，自行车是停不下来的，面是依靠车轮和地面的摩擦力。

如果可以借用外部条件，那么张飞双手拉住树枝，这样可以把自己的身体向上提起。

23. 奇怪的放电现象

在世界上许多国家都发现了奇怪的放电现象，这种放电现象都造成了一定的破坏。可是对这种奇怪的现象，至今还没有一种令人满意的解释。

早在 1817 年 1 月的一天，在美国绿山山脉的许多地方的上空，大气层里可以看到一种发光现象。这种发光现象很像蜡烛火焰，往往出现在向上突起或带尖的物体上方空间，正在行走的人会突然看到自己头部周围环绕着这种光，或被比阳光弱的光团包围着。当地的人们只要举起自己的手，好像光就从手指发出。

1894 年 12 月的一天，美国怀俄明州拉勒米市，也发生了一次奇异的放电现象。那天上午 10 点左右，下起了一阵罕见的暴风雨，一直延续到下午 7 点。风力最大的时候，许多坚固的建筑都毁于一旦。

在暴风雨大作的时候，许多地方都能明显地感受到电流的存在。有些用铁丝绑的篱笆都着了火，没有铁丝绑的篱笆，则安然无恙。有的牛因触到了带电的篱笆而被电死。有人因碰到金属上而受到了电击，好几个月都不能恢复正常。

1964 年 3 月 3 日，亚利桑那州的图森市也遭受了一场罕见的暴风雪的袭击，同时也发生了一种更为罕见的放电现象。在整个下雪过程中，在这座城市的上空不断出现一种短暂的"闪光"现象，每次间隔的时间大约为 15 ～ 20 秒。这次放电有许多奇异的特征，它是一种单一出现的短暂"闪光"现象，不像通常的闪光那样往往伴随着一种忽隐忽现的闪动，也不像普通闪电进行得那样激烈、迅猛，也看不出它们与周围笼罩着的一个黑暗阴影形成界限分明、强烈的对比。另外，当这种闪光出现时，没有听到过一次雷声，同时也没有发现它与无线电中出现的静电干扰两者之间有任何关系。这种闪光是从一些在地面上或十分接近地面的地方产生的，把飘落的雪花和云层照亮了。

1971 年 5 月 11 日，在美国新墨西哥州东南白沙的一片石膏岩沙丘地带，人们也发现了一次有趣的放电现象。这是一个狂风大作的天气，正当强风把沙石漫天吹起的时候，从沙丘顶部一直往上到它上面几米的上空这样大的范围内，都可看到电火花现象出现。这些电火花沿着直线向上延伸，看不出有任何分岔现象，通过仪器看到，这时有非常剧烈的电场梯度变化，其变化量的极性有正向的，也有负向的。

对这种奇怪的放电现象，人们做出了各种各样的解释。

对 1971 年新墨西哥州发生的那次放电现象，有人分析，是由于某些电流通过空间电荷管状区，引起空间电荷密度的相应突变而出现的。

对 1964 年发生在亚利桑那州的那次放电事件，有人做过这样的分析：在湿润的雪花上，存在着相互隔离，电荷被带到地面，在这场暴风雪进入尾声时，最后把空间电荷耗尽了，便形成了这种放电现象。

要想对这种放电现象做出令人满意的解释，还需掌握更多的有力证据。

24．令人惊叹的自然现象

次声之谜

*1948年2月的一天，一艘荷兰货船正航行在马六甲海峡的海面上。*傍晚前后，突然有一股强风暴袭来，吹得货船不住地在海面上颠簸摇荡。风暴过后，货船的甲板上再也没见到一个活动的人影，只是从机舱中不断传来有节奏的轰鸣。船径直地朝一个方向驶去，一直顶到 A 国的海岸上，再也不能前进了，然而发动机还在不停地鸣响着……

A 国的边防人员见此情景，都感到困惑不解。有人猜想：莫非所有人员都睡着了，还是……他们很谨慎地登船一看，果然所有船员都卧倒了，横七竖八地躺在不同的地方。有人大声呼喊，这些人都毫无反应。又有人把手伸到船员的口鼻部，发现气息全无，触摸胸部，不见跳。啊，全都死了！

边防人员立即将此事向有关当局报告，并请来法医查找死因。医生对所有死者进行了仔细检查，没有发现任何外伤和中毒症状。医生认为：船员的死亡同心脏病突发者的死亡状况十分相似。但转而一想，这可能吗？回答显然是否定的。因为，这些船员绝对不可能因心脏病同时发作而死亡。那究竟是什么原因造成了这一惨案呢？这个问题在很长时期内都没有找到答案。于是，这一震惊全球的海上惨案，又为这个世界增加了一个不解之谜。

真是"一波未平，一波又起"。后来有一天，有人到匈牙利的包拉得里山洞去旅游，刚踏进洞口里面那十分狭长的通道，就发现地上躺着三具来历不明的尸体。吓得旅游者失声叫了起来，赶紧回去报告。经查证，发现死者是三个旅行家。可是，医生没有从死者身上找到任何谋杀或自杀的迹象，在很长时间里也没有找出死因。

随着近代科学技术的发展，这两个"不解之谜"终于被科学家解开了，原来都是那个看不见、摸不着的"凶手"——次声作的案。马六甲海峡惨案是由于海洋上的风暴产生的高强度次声所致；山洞中的三名旅行家是由于气压剧变时产生次声而致死。

次声是一种低频率的声音，人们的语言频率一般在 $300 \sim 5\,000$ 赫兹。声频超过 2 万赫兹的叫"超声"，低于 20 赫兹的叫"次声"。超声和次声人们都听不到。次声的穿透力很强，在空气中能以 $1\,200$ 多千米的时速传播。次声能使人烦躁不安，精神沮丧，甚至错乱癫狂。次声还能使人头晕目眩、呕吐恶心、全身痉挛或四肢麻木。低于 7 赫兹的高强度次声对人体有致命危害。例如：法国的一个次声研究所，有一次在进行次声试验时，因技术上的差错，让次声泄漏出去，致使 5 千米之外的 30 名无辜居民，顷刻间全部死亡。

为什么高强度、低频率的次声能使人致死呢？归根结底还应该说是"共振"。人体肌肉、内脏器官都有其固有的振动频率，当这种较低的固有频率与次声波的频率相同时，就会发生共振，产生较大的振幅和能量，从而造成人体结构的巨大破坏而死亡。

自然界的次声波来源于多方面，如太阳磁暴、流星撞击、风暴、海哮、火山喷发、雷鸣闪电等。各种人造机构也能成为次声源，如原子弹爆破、运载火箭的发射、鼓风机、真空泵、柴油机等。

因此，人们在防止噪音对环境污染的同时，还必须注意防止这种听不到的次声对人体的危害。

海市蜃楼

山东省北部的烟台市蓬莱区，自古有着"蓬莱仙境"的美名。古书上把蓬莱称为"海上神山"，民间传说中的"八仙过海"，就在此地。秦始皇为寻求海上神仙和长生不老的药，也曾到过这里……当然，这些都是神话传说，但与蓬莱的风景确实迷人，又多海市蜃楼的奇妙景象是有着直接关系的。

蓬莱区北部有座丹崖山，山崖壁陡，三面临海，山顶上雄踞着著名的蓬莱阁，登上阁楼可俯视无垠的大海，是观赏海市蜃楼奇景的理想地方。

所谓海市蜃楼，就是在春夏之交或夏末秋初时，每当雨后初晴，或风和日丽、晴朗少云的天气里，会在远处海面的半空中，突然呈现亭台楼阁，山峦起伏，树木丛丛，行人车辆等奇妙的幻影，宛如身临仙境。过一段时间，幻影突然又消失得无影无踪。

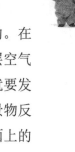

其实，海市蜃楼是一种幻景，是一种大气光学现象引起的。在春夏季节，白天海水温度比较低，下层空气受水温影响，较上层空气冷、密度大，而上层空气密度小。当阳光穿过这种空气层时，就要发生折射和反射，下层密度大的空气就像一面镜子一样，把地面景物反射在半空中，就会出现奇妙虚幻的景致。例如，蓬莱区北部海面上的庙岛群岛，在夏季白昼海水温度低，空气出现下密上稀的差异，所以在蓬莱区常可看到庙岛群岛的幻影。宋朝时候的沈括曾有记载："登州（即现在的蓬莱区）海中时有云气，如宫室台观，城堞人物，车马冠盖，历历可睹。"因为当时人们无法解释这种现象，就把蓬莱和"仙境"联系起来了。

海市蜃楼不但在海面上能见到，在江面上或沙漠中也能看到。不过，沙漠中的幻景不在半空而在地面上。这是因为白天沙漠贴近地面的空气温度高于上层，所以上层密度大而下层密度小，密度大的空气将蓝天、树木、房屋反射，在沙漠上形成倒影，所以蓝天像湖水，使不少沙漠旅行者上当受骗。

无论哪一种海市蜃楼，只能在无风或风力微弱的天气条件下出现。当大风一起，幻景顿时消失。这是因为这种空气层极不稳定，大风一刮，上下层空气搅动混合，上下层空气密度没有什么差异了，光线就不会出现折射和反射的现象了。

"仙境"的秘密被揭穿了，但人们并没有失望，观赏海市蜃楼仍是人们极向往的乐趣。而人们更向往的是蓬莱的人间"仙境"，因为蓬莱的风景本身就非常美丽。蓬莱依山傍水，山清水秀。有"仙阁凌空""海市蜃楼""万里澄波""狮洞烟云""日出扶桑""晚潮新月"等十大胜景。

奇烟怪雾

古典神话小说《西游记》的主人公——唐僧师徒四人，在去往西天取经的途中，不知遇到过多少妖魔鬼怪。这些妖魔鬼怪常常是忽而出现，忽而隐没在奇烟怪雾之中。当唐僧师徒误入魔洞时，更是随着恐怖的隆隆巨响，妖烟四起……

那么，在自然界里，万山丛中是否有这种令人生畏的奇烟怪雾呢？看来，这并非《西游记》作者吴承恩的凭空想象和任意虚构，这种神秘莫测的自然现象虽然罕见，但还是有的。

美国阿拉斯加州是个多火山地区。奥古斯丁火山、卡特迈火山是该州的活火山，以常常喷发而著称于世。卡特迈火山 1912 年大爆发以后，科学家曾前往考察。他们在这座活火山西北约 10 千米处，发现一条宽约 8 千米、长约 16 千米、面积约 100 多平方千米的地带，被火山灰所覆盖，满布着成千上万个喷气孔，有一排竟长达 1 000 米以上。伴随着令人恐怖的隆隆巨响，喷气孔不断向上空喷出混杂着火山灰的炽热气体。气体在高压气流的带动下，以飓风般的速度，咆哮着向山谷下方推进，以雷霆万钧之力，把沿途的树木全部推倒。有如妖魔出动，令人胆战心惊，望而却步。在山谷上部，烟柱更为密集，致使谷地完全为浓烟所笼罩，所以地质学家称之为"万烟之谷"。

当然，奇烟怪雾并不都是由火山活动造成的。我国湖南省南丹矿务局钢城锡矿采矿区，就有一股滚滚奇烟，从地下升腾而起，烟柱高达 100 米以上，几乎与云脚相接，覆盖了近 3 平方千米的地区。这股奇烟究竟缘何而起？有关地质人员进行过考察，证明这是矿层自燃引起的。浓烟由三个直径 10 米、深约 20 米的"魔洞"吐出，烟色白里夹黄。

这个矿层自燃已延续了 9 年，冒烟处最高温度可达 196℃，是目前我国矿山自燃温度最高的火区。人们曾采取封闭、灌水等措施，试图扑灭这场地下大火，但收效甚微，始终未能控制住火势。

最常见的山中奇烟，是由山中的煤层自燃引起的。唐僧师徒四人，沿新疆古道西行，途经吐鲁番火焰山一带，这里山中因煤层自燃而产生的缕缕奇烟随时可见。煤层自燃常常数十年以至上百年不熄，致使某些地区终年烟云缭绕。吴承恩写《西游记》时，可能从这种神秘莫测的自燃现象中得到灵感，把它同妖魔鬼怪联系在一起，以增加魔怪出现时的神秘感，从而为那些世人传诵的不朽篇章平添了几分光彩。

彩虹之谜

在夏秋季节里，一阵大雨过后，天空中常常出现一条瑰丽多彩的长虹，它像一座灿烂的半拱形彩桥，飞架在天边的地平线上了，形成天空巾的瑰丽幻景，引人入胜。

在古代，由于人们还不懂得虹的形成原因，便出现了许多神话传说。有人说，"虹是天上的神仙架在天河上的渡桥"。有人说，"虹是老天爷的神棒、马鞭。"阿拉伯人说，"虹是光明神古沙赫休息时放在云端上的弓。"还有人说,"虹是欢乐女神的笑容""是月宫里的嫦娥挥舞的长袖",等等。

1624 年,意大利学者多明尼斯主教,用自然科学的原理解释了虹的形成原因。但由于当时社会的落后和愚昧,竟把多明尼斯主教赶出了教会,判处了死刑,并把他的著作和尸体一起焚烧掉。后来,法国科学家笛卡尔在水池旁边,看到了水池上面含有大量水滴的空中人造虹,他便用装有水的玻璃球进行了实验,并在 1637 年发表了关于虹的形成原因的文章,他在文章中说:"虹是由于太阳光射入空中的水滴内发生反射和折射的结果。"但他还不清楚虹的颜色是怎样形成的。直到 17 世纪 60 年代,牛顿发现太阳光通过三棱镜的色散现象后,虹的秘密才被揭开了。

虹是一种自然的天气现象。在盛夏和初秋季节里,下雨前后,当空气里还漂浮着许多小水滴时,太阳光照射到这些小水滴上,由于发生折射作用,就改变了太阳光线散射开来,使之重新成为七种颜色;再经过地面的反射作用,就形成了从外向内,排列顺序为赤、橙、黄、绿、青、蓝、紫的美丽鲜艳的光弧,这就是虹。虹的颜色和宽度都与水滴大小有关,空中的水滴越大,虹的颜色越鲜艳,虹带越宽;水滴越小,虹的颜色越昏淡,虹带越窄。虹的出现,和当地的未来天气变化有着密切关系,我国劳动人民总结的"东虹日头西虹雨"的天气谚语,是符合科学道理的。我们居住的温带地区,高空的气流是有规律地自西向东移动的,所以未来的阴晴风雨的天气变化,是和西方气流的性质有着密切关系的。"东虹日头"的意思是说,傍晚东方出现虹时,预示第二天是晴天,因为东虹表明东方空气中的水滴虽多,湿度很大,但雨区将继续向东发展,不会经过本地区,所以当地不会下雨。而相对应的西方的干燥空气,将向本地移来,因此当地的第二天将是晴天。"西虹雨"的意思是指,早晨在西方出现了虹,不久将出现阴雨天气。

因为西方空中含有大量的水滴，这些水滴将向东发展，移到本区来。再加上本地随着太阳的升高，蒸发加剧，低空的水汽不断上升到高空，与高空的水滴相遇，使高空中的水滴不断扩大增多，所以容易造成阴雨天气。

呼风唤雨

在我国西南边陲的云南省与缅甸交界的地方有一座大山，山名叫作"高黎贡山"。这座山又高又大，在山底下居住着我国的怒族和傈僳族等民族。兄弟民族在这里年年享受风调雨顺、五谷丰登的年景，真是"天时，地利，人和"呀！这里的人们之所以能够过着这般安居乐业的生活，除了享受着祖国大家庭的温暖，还受福于这座大山所给予的"恩赐"。也就是说，这座高黎贡山生来就有些特殊，同别的大山不大一样。

这座高黎贡山，从山脚下到半山腰都是一片郁郁葱葱。在这里按山的不同高度，分别生长着不同的树木，一层一个种类，层层都不相同。再往上一看，就是白皑皑的雪峰了，那里被冰雪封锁着。

在山脚的峡谷里，又是另一番景色，在这里大小湖泊星罗棋布。盈盈的湖水终日荡漾着，像慈爱的母亲拍着将睡的婴儿似的，轻轻地拍着湖的堤岸；湖水净蓝如碧，湖底清澈可见；湖岸上长满鲜花和绿草。湖色与山景互相辉映，秀丽异常。山村里的农田就是从这些湖泊中引水灌溉的，非常便利。就这样，这里从来就没有发生过什么旱灾，年年五谷丰登，人们过着安居乐业的生活。

故事讲到这里，读者一定会发问："湖泊里蓄存的水总有一天会用完的，那该怎么办？"

这用不着担心，那里的人们会依靠这座神奇的高黎贡山来解决湖泊里的水源的。

是的，每年一到七八月，这里的年轻人便三五成群地站立在湖边，手拉手，面对着蓝天连连大声呼唤数次，几分钟以后，晴天如碧的天空就像变戏法一样，堆满了翻卷升腾的乌云，而靠近地面的地方则迷迷蒙蒙地弥漫着一层浓雾，不一会儿，刮起一阵紧似一阵的大风，随之而来，下起瓢泼大雨。可是，过了半个多小时，像是电脑自动控制似的，风雨自己停止了，那湖泊里的水又是满满的了。那里的人们就是采用这种奇特的办法，解决了湖泊里的水源。

为何人能呼风唤雨呢！

原来，七八月的时候，正是高黎贡山区的雨季，空气又湿又热，这些湿热的空气都积存在山谷里。可是，在山顶上呢，因为那里冰雪封山，空气就显得又干又冷。平时，这里的湿热空气与干冷空气相安无事，都各自安安静静的，像是睡觉了一样。可是，人声一喊，声音发出的声波，回荡在山谷间，来回振荡的声波把湿热空气和干冷空气搅动起来，湿热的空气一旦遇上了干冷的空气，两者好像打起架似的，变成浓黑翻滚的云层，然后先是刮起阵阵大风，紧接着就下起瓢泼大雨来了。居住在那里的民族，利用了这一特殊的地理环境来造福于人民大众。

极光

在我国东北的黑龙江北部，有时在万籁俱寂的夜晚，茫茫天穹中，天然出现一片红色绒幕。正当人们惊疑之际，它又突然变成一片蓝色草地。时而有似蟒蛇游动，时而有似骏马奔驰；或者像山间燃起巨火，刀光剑影，旌旗变幻；或者像天神睁开了慧眼，光焰喷射，窥视人间……人们把这种在夜晚天空中出现的光怪陆离的奇景，称为"极光"。

1982年6月18日晚10时左右，在我国黑龙江和吉林西部及内蒙古和河北北部地区，有人看见了一种极光。在北面天空离地平线不远处，先出现了一个月亮大小的半圆形乳白色光片，随后光片呈扇形向东北方向逐渐扩大。约 10 时 15 分时，形成弧形光幕，边缘较亮，中部较暗，光幕内看不见星星。然后，弧形光幕继续扩大，亮度变暗，10 时 30 分时光幕最大，约占天空 1/5，而光幕内星星已能看见。大约 10 时 50 分，光幕大部分消失。大约 10 时 58 分，光幕全部消失。

极光在世界其他一些地方也出现过。在北半球能看见极光机会最多的区域是美国阿拉斯加北部、加拿大北部、冰岛北部、挪威北部、新西伯利亚群岛南部。相比之下，我国黑龙江北部能见到极光的机会比上述地区少，并且主要是在三月、九月左右，也即在春分和秋分前后才有。

极光是地球上最壮观的自然现象之一，但又具有强大的破坏力。极光爆发期间，严重骚扰电离层，从而破坏短波无线电信号的传播，这时通信、交通都会受到严重的影响。例如，美国一个远在阿拉斯加州的出租车司机，在极光强烈活动之际，竟收到来自本土东部的新泽西州调度员的命令；同时，监视横跨极地飞行器的预警雷达屏幕上，也可能突然出现虚假的图像，因而报警。同时，极光不断变化可能会在输电线、电话线和输油管道等细长的导体中感生强大的电流。受电流冲击，输油管道可能会发生严重的腐蚀。1972 年，一次极光使哥伦比亚的一台 23 万伏变压器炸毁，还造成美国缅因州至德克萨斯州的一条高压输电线跳闸。

那绚丽多彩、威力无比的极光是怎样形成的呢？以往，科学家一般认为：来自太阳的高能带电粒子，到达地球附近空间，一旦被地球捕捉，则受到地球磁场的控制，沿磁力线朝地磁极螺旋下降，再与那里低密度的高层大气碰撞而放电发光。或者太阳出现黑子、耀斑、日珥等，组成太阳的物质还不断发生强烈的核反应，释放出大量的能量。太阳就向宇宙空间喷射出大量带电粒子，如质子、电子等，这些带电粒子像来自太阳的一股巨风（俗称"太阳风"），冲入地球范围后，由于地磁场的作用，它们便集中降落到南北地磁极附近的高空，高空大气中的各种气体原子、分子受到这些带电粒子的激发，便形成发光现象。那么，根据这种解释，极光就应该在磁极上空以某种"辉点"那样的形式出现。但是，情况却不是这样，极光并没有呈"辉点"的表现形式，而是在极区上空呈不规则的椭圆带。这种情况不禁使人们对以往的一般解释产生了怀疑。究竟是怎么回事，还有待人们继续研究。

奇妙的假太阳

1985 年 1 月 3 日 11 时左右，在黑龙江省绥化市的上空，出现了一个大气光象中的奇景——"五个太阳"。这一天，绥化市被一层绢纱似的薄云笼罩着，将近 11 时许，天空中出现了奇景：太阳光盘呈火红色。边缘为金黄色，光辉灿烂，夺目耀眼；太阳周围有一个 46°晕和一个时隐时现的 22°晕；太阳两侧各有两个"小太阳"，一个白色大半圆光环把四个"小太阳"和太阳贯穿起来，四个"小太阳"非常明亮，闪烁着彩色的光辉，就像一条项链上的几颗宝珠。在 22°晕和 46°晕的北部，还各有一个与它相切的、凸向太阳的色彩缤纷的彩弧，两弧都为内蓝外红，光辉耀眼。

为何天空会出现"五个太阳"呢？原来，一个是真太阳，其余四个是假太阳，气象上称为"假日"。假日是太阳光通过不同形态的冰晶所形成的光亮点。这种光亮点往往对称地出现，有时可多达七八个。由于形成几个假日时对光线进出冰晶的位置和冰晶的形态要求比较严格，所以假日现象比较罕见，多假日的情况就更为罕见了。各种假日形成的光路和冰晶形状的关系也十分复杂。

1933 年 9 月 13 日，美国学者查贝尔在美国西海岸较高纬度的地方观看日落时，拍摄到一组珍奇的照片：一轮又红又大的太阳慢慢西沉，开始由圆形变成椭圆形，接着又由椭圆形变成了馒头形，上圆下平。

渐渐，太阳的上半部分也被削平了，最后出现了有棱的四个角，变成了一个罕见的方形太阳。这组照片，引起了人们极大的兴趣。半个世纪以来，一直被作为珍贵资料引用。

这种"方形太阳"是由于太阳光通过上下密度不同的大气层时，光线发生折射、反射等原因造成的。在极地和高纬度地区。陆地和海面温度常常很低，近地层的空气温度低于高层的空气温度，这样就出现了"大气逆温"现象。靠近地面或海面的空气密度大，而愈向上密度愈小，当靠近地面或海面的太阳光从这种低空大气中通过时，就发生折射。这种折射随着太阳的下沉明显地发生光线向地球一侧弯曲，所以太阳下部分光线就偏折得特别厉害，使它下边就像刀子削过那样平直，成为一条平行于地平线的直线。随着太阳逐渐下沉，它的上半部分也逐渐发生光的偏折，到达一定高度时，太阳的上下边缘都被折射成为直线形，形成了奇妙的"方形太阳"。"方形太阳"必须在极地和高纬度地区的无风、无云空气中，没有冰晶雾等严格的天气条件下才能产生，因此比较罕见。

1979 年 7 月 20 日的黄昏，一艘波兰帆船"晨星号"，从旧金山经赤道驶过波利尼西亚，进入萨摩亚以西的海域时，突然一道耀眼的像绿宝石发出的鲜艳夺目的绿色光芒在一名舵手眼前闪过，他激动地呼喊起来："快来看哪！在那边，太阳发出绿光！"可是，当人们顺着他所指的方向望去时，只见落日的余辉和往常一样，哪有什么绿光？

然而，太阳绿光的出现确实是可能的，只不过时间短暂而已。在埃及和亚得里亚海沿岸，几乎每天日出和日落时都可以看到绿光。一般在黄昏时，只要地平线明晰而清澈，海面上又没有云彩，就一定会出现绿光。据说，在埃及金字塔里发现的 6 000 年前的图画，画的就是光芒四射喷着绿光的太阳。

绿色阳光也是太阳和大气层为我们玩的"魔术"。我们通常看到的太阳光，是由红、橙、黄、绿、青、蓝、紫七种单色光组成的。而大气中由于上、下层的密度分布不均，空气越往高空越稀薄，所以就像一个棱角朝上的"气体三棱镜"。当太阳光线穿过时，光线就折射而发生色散，分解成七种单色光。不过，这种折射引起的色散，只有当太阳高度角很低，即太阳靠近地平线，太阳光几乎呈水平方向穿过非常厚的大气层时，才最明显。这时，太阳光被分解成七种颜色的单色光。因红光波长最长，折射角最小，所以随着落日，红光最先没入地平线以下；随后，橙光、黄光也消失在地平线下，而此时地平线上还留下绿光、青光、蓝光和紫光。由于青光、蓝光和紫光的波长比较短，在穿过厚厚的大气层时，受到大气中尘埃的强烈散射作用，已经变得非常微弱，我们人眼几乎感觉不到，只有绿光比较强，能够到达人眼，并且显得格外耀眼夺目，这就形成了"绿色阳光"的奇观。因为绿色阳光都出现在日没和日出的一小段时间里，所以它存在的时间非常短暂，一般只有 3 秒钟，最短的不到 1 秒钟。

第四章

学生化学科学兴趣培养

1. 涅瓦河畔的焰火表演

在 18 世纪，俄国伊丽莎白女皇加冕的那一天，正值凉爽的圣彼得堡夏季。

在涅瓦河畔，正对着科学院的那一片开阔地，被锤子、锯子、刨子的声音吵翻了天。只见，木匠锯木料、钉板子，正在建造一只庞大的木筏。木筏上装着一些高架、托盘、梯子、平台，又装饰了些花串、灯笼和服饰华美的木偶。有的木偶有一人高，还有的特别高大，活像童话里描绘的巨人。这些颇带些中国色彩的装饰加上周围用锦缎及绒帷幕和布景表现的绿色的树林、山坡，麦浪起伏的田野和云影片片的天空，简直成了人间仙境。

天一过中午，人群就流水一般朝着涅瓦河两岸涌去。不多时，古老的涅瓦河畔已是人山人海。黄昏时分，经能工巧匠装饰的大木筏下水了。天刚一黑，各色火花就从河中央急流似地冲入云霄，照耀得观众睁不开眼。在木筏舞台的中央，庞大的"中国轮盘"边旋转边喷射各色的火花，看上去就像一轮巨大的太阳。一个个颀长的"仙女"站在由轮盘形成的光圈中，"仙女"脚边排列着一些"小仙女"，还有一股股绿色、紫色的火花从木筏两旁，涌泉似地飞入高空，使得人们不断地发出惊呼。

原来，这是一场为女皇庆典准备的焰火表演。由于当时人们对各种化学元素的知识了解得非常少，所以平时所展现在人们面前的只不过是色彩单调的火花，而在庆典上，科学家罗蒙诺索夫指导工匠按照自己的研究成果制出的各色焰火，使得人们大开眼界，惊呼不已。

现在，我们知道焰火是由于一些化学物质受热发出不同颜色的

144

光而变得五颜六色的。所以，我们看到的天安门广场的礼花弹中，不仅具有黑色火药作燃烧剂，还有助燃剂、发光剂和发色剂。对颜色起决定作用的要算发色剂了，发色剂倒也并不神秘，就是些普通的金属盐类罢了。在高温下，硝酸铁与碳酸钠会发出黄光，硝酸锶产生了焰火那缤纷的色彩，点缀了我们的生活。

2．世界上最值钱的鼻子

如果说，法国是香水王国，那么格拉斯就是法国的"香水之都"了。格拉斯是座名副其实的"香城"，从原野到村庄，从商店到居民区，到处都散发出一股淡淡的香味。

格拉斯位于法国地中海沿岸的尼斯城西南三十多千米处。在整个阿尔卑斯山坡上，漫山遍野长满了奇花异草。紫色的薰衣草，黄色的含羞草，红色的石竹、玫瑰，再加上各种艳丽的花草，真是万紫千红，山花烂漫。

在格拉斯，许多较大的香水工厂都设有实验室和门市部，供游客参观、选购。商店里，格拉斯的香水琳琅满目，价格便宜，人们可以任意选购。

格拉斯有座香水博物馆，里面陈列着最古老的香水，还有近十年来流行的香水。馆里还展出与香水产销发展有关的实物，十分别致。

巴黎香水风靡世界，许多原料都来自格拉斯。它为巴黎这座美丽的城市增添了魅力，也使巴黎人的生活更加艳丽多彩。

驰名世界的巴黎香水可以分成三大类：女用、男用和混合型。每类中又可分为3种：香水精、淡香水和古龙水。香水商标五花八门，成百上千。

香水工厂生产的名牌产品，都是由高级香水技师调配的，他们有灵敏的嗅觉，对各种香气有着特殊的鉴别能力，被誉为"香水鼻子"。

实验室里的设备很简单：一架精密的天平和三千多个装有各种各样香料的小瓶。香水鼻子根据用户的特殊要求或对未来香型发展的趋势的特殊敏感，靠鼻子的灵敏嗅觉，在一排排香料瓶中嗅来嗅去，经过反复调试，最后选定数种或数十种香料，巧妙地配制成一种新产品或一种特制品。

世界上最著名的"香水鼻子"名叫阿费利翁，他由于天赋和勤奋，获得了卓越的成就。他曾为英国戴安娜王妃配制同她的深蓝色夜礼服相配的香水、为西班牙王后索菲亚特制了用于国事访问的柔和香水、为美国女富豪伊瓦娜·特朗普配制了价值特别昂贵的香水等一些因人而异的香水。人们称他的鼻子为"世界上最值钱的鼻子"。

3. 嗅觉的奥秘

诗人王冕在咏梅的佳作中曾写道："冰雪林中著此身，不同桃李混芳尘。忽然一夜清香发，散作乾坤万里春。"在此，我们不是要研究此诗写得如何高超绝妙，而是要探索人是怎样闻到梅花所散发出的诱人的清香的。

我们知道，人人都长有一个鼻子。鼻子不仅用于呼吸，还能辨别各种气味：不论是扑鼻的梅花清香，还是臭不可闻的硫化氢刺激，鼻子都能灵敏地感觉出来。

谈到嗅觉，虽然我们能够辨别各种气味，但和许多动物相比，人的嗅觉并不算太灵敏。苍蝇与狗的嗅觉都相当灵敏，要比人强许多倍。

苍蝇能在几千米外嗅到极为微弱的气味，有灵敏嗅觉的警犬可以在公安、军事、救护等方面充当"侦察兵"。

那么，人和动物究竟为什么能闻到各种气味？气味与化学有什么联系？苍蝇和狗的鼻子为什么比人的鼻子还灵？这些问题，长期以来使人感到迷惑不解。虽然有许多人对此进行过研究，也提出过许多学说来解释，但至今仍是莫测高深。

很早以前，聪慧的古希腊哲人曾对嗅觉做过解释，认为鼻子里存在有网眼的粘膜，气体分子只要能钻进去，人就可以感受到气味。显然，这只是一种主观想像，没有任何事实做依据。

不过，上述假想似乎在以后人们研究苍蝇的嗅觉中得到了些证明。科学家在解剖苍蝇的嗅觉器官时，发现其嗅觉细胞的细胞膜有着渗透离子的功能。此膜很薄很薄，膜内裹有钾离子，膜外有钠离子，这样可以形成微弱的电位差。当此膜受到外界气味刺激时，膜就自动破裂，并产生微弱的电流信号，使苍蝇能立即嗅到气味。然而，对于哪些物质能引起电流信号，又是怎样引起电流信号的，则不清楚。

经过长期的研究，人们发现，对物质的气味辨别，不仅与嗅觉器官有关，也与物质的化学组成、化学结构、溶解状况、分子量的大小等有关。例如，由碳、氢、氧 3 种元素组成的有机酸，分子中一般都含有叫作"羧基"的基团，所以一般都有酸味，如醋酸、柠檬酸等；酯类物质一般都具有浓郁的香味，如乙酸异戊酯有香蕉味，异戊酸异戊酯有苹果香味……也就是说，气味是由化学物质微粒造成的，它能在空气中散发。

进入 20 世纪后，苏格兰的科学家蒙克里夫把嗅觉器官的结构和气体分子的结构结合起来，来认识嗅觉问题，并于 1949 年提出了一种气体立体化学理论。所谓立体化学，是指物质分子在空间都有一定的形状，如常见的甲烷（CH_4）分子是正四面体。分子形状如同我们常见的物体那样，多种多样，千姿百态，有球形、船形、椅形等。

气体立体化学理论认为，在人和动物的鼻子中有感觉灵敏的鼻窦，在鼻窦的细胞中有专门接受外界气体分子的受体，受体也是一种分子。只有当外界气体分子和鼻窦受体分子像模具和模型那样相互吻合，并发生生理反应时，产生的信号刺激大脑，才能使人闻到气味；如果外界气体分子和鼻窦受体分子不吻合、不反应，人就闻不到气味。例如，樟脑分子是球形，而鼻子中受体分子是碗形，两者吻合，所以人才能闻到樟脑味。后来，英国的阿尔莫对此理论做了进一步完善，提出了一个较为完整的嗅觉化学机制，但两者大同小异，观点基本相同。

不过，这种理论也遇到了一些新的挑战。例如，有的化学物质结构不同，却有相同的气味；有的物质结构非常相似，却具有不同的气味；也有的一种物质却具有两种气味……这些问题用上述理论都难以解释。

现在，人类对嗅觉的认识在步步深入，也在步步接近真理，但还有许多问题至今仍不清楚。例如：

①鼻子依靠什么物质将气味信息传入大脑？这些物质又是怎样工作的？

②有的科学家还发现，气味不仅与分子的形状有关，而且还与分子电荷有关，嗅觉的真实机理究竟是什么？

③科学实验已经证明，气味与人的记忆和情绪密切相关，如薰衣草味能使人兴奋，薄荷香味能使人消除疲劳，这又是为什么？

有的化学家说得好，气味是精神的调节剂，香味是瓶装的心理学。一门新科学——香味学，正在悄然兴起。但愿"香味学"能像王冕的诗描写的那样，早日"散作乾坤万里春"。

4. 电子警犬

　　众所周知，犬是以嗅觉异常灵敏而著称的。它能感觉到并区分 200 万种以上不同物质发出的不同浓度的气味，并可以根据气味找到所需要的东西，其嗅觉敏感度几乎达到分子水平。因此，人们根据它的特性给它安排了适当的"工作"——放牧（牧犬）、捕猎（猎犬）、侦缉（警犬）、探矿（探矿犬）等。犬，尽管为人们做了许多事情，但由于繁重的饲养、管理，也给人们带来不少的麻烦，有时还会给人闯出祸来。因此，科学家根据犬鼻子的构造、功能原理，研制成了"电子警犬"。

　　"电子警犬"是由特殊的紫外线灯和一种特定的灵敏度高的检验器组成的。由于各种物质的气体对紫外线的吸收作用不同，而产生选择性反应。当某种物质的气体进入检验器与紫外线灯之间时，由于这种气体吸收了紫外线灯发射的一部分紫外线，使检验器所接收的能量相应减少，当气体达到一定浓度时，就发出警报——嘟嘟嘟的信号，人们就可以根据"报告"的情况，进行分析综合，得出结论。

　　"电子警犬"在气味的灵敏度上已达到犬鼻子的水平，有的甚至超过犬嗅觉灵敏度的 1 000 倍。目前主要用于化学纯化工厂和煤矿，监测毒气、瓦斯，及时报警，保证工人的生命安全。也用于手术室、仓库、汽油库和工厂区进行气味检测，并且用来代替警犬进行侦缉工作，或分析潜水艇、高空飞机、宇宙飞船等里面的气体。

5．香槟的由来

含二氧化碳气体的葡萄酒叫作"香槟"。香槟也是一个地名，位于巴黎东面。

关于"香槟"的由来，有这样一个传说：三百多年前，法国香槟省莱姆斯城的教堂里，有位教士叫佩里尼翁，曾用多种配料调制葡萄酒，味道都不好。后来，他将掺杂的葡萄酒装在瓶内，用软木塞封起来，送进地窖。谁知过了冬天，奇迹出现了：酒产生的气体竟将软木塞爆了出来，一股醉人的酒香扑鼻而来。把酒倒在杯里，发现酒色变清澈了，无数金黄色的小泡沫跳来跳去。教士喝了一口，不禁叫起来："天使下凡了，在酒中撒满了星星！"于是，那以当地地名命名的香槟酒，便名扬世界。

这个传说，正应了酒城的一句名言：酒是酿造师的孩子。可见，有了优秀的酿造师，才能造出好酒来。当然，不同地区的葡萄酒，因气候、土壤、果型、制法各不相同，风味也就不同了。

在一百多年前的马恩河谷的香槟地区，地势平坦，气候温暖，当地人专门在那里栽种特甜葡萄，并在省会夏龙市建立了酿酒工业体系。这里出产的葡萄酒，味甜醇美，同保持传统的工艺有关系。例如，用机器压榨葡萄，力大了容易压碎籽粒，力小了榨不出汁，而且味道不醇，酒色含黑点。因此，香槟地区仍以脚踩的方法压榨葡萄制酒为主。

收获季节，青年男女赤足跳进葡萄榨房内，随着乐曲声起，在葡萄堆里，欢乐地蹦跳踏步，在欢歌醉舞中完成榨汁工作。用传统方法酿出的酒，像丝绸般光滑、油脂般柔腻，味醇芳香。

法国政府规定：只有原料取自香槟地区，含酒精 $11 \sim 13°$，富含糖质、味道芳香的，才准许定名为"香槟酒"。

6. 漫话威士忌

世界名酒品尝家一致公认的世界名酒首推英国的威士忌，它产在苏格兰。

最早的威士忌产地是苏格兰西部沿海的艾莱岛的一个小镇上。岛上盛产大麦，人们一直利用传统的方法制酒，把浸过水的大麦铺在芽床上，不停地翻动，使大麦发芽均匀，再用本地带有特殊香味的泥炭烧火烘焙，一道道工序十分复杂。艾莱岛因出产威士忌酒而名扬天下。

全镇共 8 家酒厂，工人千余名。有的酿酒厂已经用大麦、玉米混合起来制酒了。在厂房里，一包包清洗过的玉米放在特大的高压锅里，用特定的温度烧煮。玉米冷却后再放进另一种容器里，掺进麦芽，将淀粉转化成糖。糖液通过旋转的真空过滤器抽到大酒桶中，再加进酵母发酵，变成酒精和二氧化碳。酒精经过管道进入蒸馏器，通过蒸馏，把提取出来的纯酒精储存在栎木桶中，然后运到仓库长期严加保管。

威士忌酒必须在栎木桶中存放 3 年，有些威士忌酒要存放 10 年、20 年甚至更长时间。酒存放若干年后，就运到基尔马利德大型装瓶厂配成色、香、味俱美的混合酒。装瓶工作由电脑操纵，根据信息处理机打开传递带上的酒桶塞，让酒流进木制水落管，再被抽入混合器中，使酒量达到精确程度，然后进入大缸里，加进洛蒙德湖清澈透明的苏格兰饮用水，保持浓度，经过过滤后装瓶。

威士忌的名称是怎样得来的？据说，公元 500 年，有些僧侣来到苏格兰高地，向凯尔特人传教。他们带来了一种名"阿瓜维他"的饮料，意思是"生命之水"。凯尔特人慢慢喜欢上了这种饮料，叫它

"威士忌比西"，后来省去"比西"两字，就叫作"威士忌"了。

岛上一年一度的威士忌狂欢会，吸引了大批游客。节日之夜，各酒厂大厅备酒待客，乐队奏起苏格兰笛子，姑娘翩翩起舞。人们豪饮威士忌酒，手舞足蹈，通宵达旦。

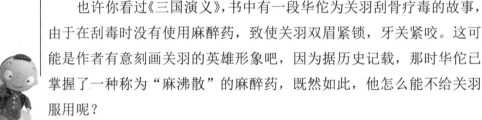

7. 麻醉的原理

也许你看过《三国演义》，书中有一段华佗为关羽刮骨疗毒的故事，由于在刮毒时没有使用麻醉药，致使关羽双眉紧锁，牙关紧咬。这可能是作者有意刻画关羽的英雄形象吧，因为据历史记载，那时华佗已掌握了一种称为"麻沸散"的麻醉药，既然如此，他怎么能不给关羽服用呢？

现代麻醉药的使用是从乙醚开始的，它是 1846 年由美国医生威廉·摩顿首先使用的。乙醚麻醉的成功，为医生实施手术治疗铺平了道路。

至今，历史前进了一个多世纪，麻醉手术治疗已成了司空见惯的事，普通医院都能实施。

所谓麻醉，即在外科手术或诊断性检查时，为了解除病人的疼痛，并使肌肉适当松弛，以利于手术或检查所采用的方法。

麻醉多数是利用化学药物抑制中枢神经或局部神经，使病人对外来刺激不产生感觉和反应。

人们在研究麻醉药物的过程中，发现这众多药物虽然组成结构不相同，但它们的介电常数（表示分子极性大小的常数）却很相近，都易溶于脂肪。显然，药物的麻醉作用，可能与它们所具有的这些共性有关。

　　基于对麻醉药物性质的上述分析，有人提出麻醉剂之所以能使人麻醉，失去知觉感觉不到疼痛，可能是麻醉剂溶于神经细胞的脂肪中，阻挡了疼痛信号向大脑传递，使人感觉不到疼痛。因为，据有关研究证明，疼痛实际上是在大脑支配下，一些化学物质如钾离子、氢离子、组织胺、缓激肽等，作用于痛觉感受器的结果。

　　不过，这种理论也受到了严重的挑战，因为它对麻醉作用都有一定的时效性这一实际情况难以做出解释。既然过了一段时间后麻醉剂就不起作用了，那怀疑者不仅要问：麻醉剂在神经细胞中，不可能一会儿溶解，一会儿又不溶解了吧？

　　另外，也有人认为，麻醉剂之所以能使人失去痛觉，可能与它阻碍输氧、影响新陈代谢的进行有关。这种理论更令人怀疑，如果真的大脑供氧不足，对人会有致命的危险。

　　不仅药物能使人麻醉，针灸也有麻醉作用。针刺麻醉是我国医务人员 1958 年创造出来的。人们惊奇地发现，只要针灸师将几根小小的银针扎到病人的有关穴位上，外科医生就可以顺利地进行手术，这时病人竟然毫无疼痛之感，这真是一大奇迹！

　　显然，不能用药物麻醉剂阻断信号传递的理论来解释针刺麻醉，因为银针不可能把传递刺激信号的神经完全阻断。对此，有人提出分泌镇痛剂的理论加以解释。这种理论认为，当人体上的穴位受到银针刺激后，神经组织就会发出分泌内啡肽的信号，内啡肽很快被分泌出来。内啡肽是一种很好的镇痛剂，会使人失去痛觉。当然，去掉银针后，内啡肽的分泌减少了，人也就恢复了痛觉。

　　然而，上述理论也很不成熟，如有人试验，针刺麻醉有一定的局限性，对有些人效果很好，而对有的人则基本无效。难道无效的人受到针刺后，就不分泌镇痛剂了吗？对此，实在令人费解。

8. 生命之气

地球上的动物进行呼吸，吸进的是氧气，呼出的是二氧化碳。氧气是我们生命必不可少的气体，被我们吸进之后，进入血液，血红蛋白就会与这些氧气结合，通过血液循环，把氧气带到全身各个组织器官里，来维持人体的一切正常生理活动。我们要是在没有氧气的空气里，一分钟也不能生存。

在我们生存的空间里，空气成分如果按体积算，氧气占 21%，氮气占 78%，惰性气体占 0.94%，二氧化碳占 0.03%，其他气体和杂质占 0.03%，所以空气是一种混合物。

由于植物的光合作用，吸收二氧化碳，放出氧气，供给其他生物呼吸，所以地球上只要绿色植被不被破坏，生态平衡不被破坏，生物的生命之气——氧气就永远不会用完。

一般情况下，燃烧和呼吸只需要空气就行了，只有在特殊情况下才需要纯净的氧气。

氧气除了供给生物的呼吸，还有很重要的作用呢！比如，在钢铁工业上，把氧气或添加了氧气的空气通过鼓风机送到炼钢炉中，可提高炉子的温度，加速冶炼过程。乙炔在氧气里燃烧，产生的温度可达 3 000℃以上，可用来焊接或切割金属。还可以用氧气制作炸药或火箭推进剂。医院里抢救病人、高空飞行员及一切从事缺氧作业的人员都需要携带氧气设备。

17 世纪时，荷兰化学家德莱贝尔用加热硝石制作过氧气，但他对这种气体的性质没有进行研究。18 世纪时，一个叫舍勒的瑞典人，

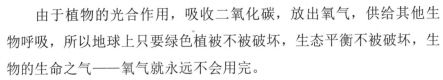

他出身贫苦，在药房里当学徒。他利用工余时间，做了一系列实验，分离出了"大气"，也就是氧气。直到1777年，他的论著《论火与空气》一书才公布于世。

英国的化学家普利斯特里，用二氧化锰与浓硫酸加热时，生成硫酸亚锰、水及氧气。但由于当时受燃素学说的影响，未能对氧气做出正确的解释。

在1774年，普利斯特里把氧化汞放在玻璃器皿中，用聚光镜加热，分解并放出气体。他用水上集气法把这些气体收集起来，并对这些气体进行研究。他把蜡烛放在这些气体里，蜡烛燃烧得更快了。他把小老鼠放在这种气体里，发现老鼠比在等体积的普通空气中存活时间长了四倍。于是，他亲自尝试了一下，觉得吸入这种气体后，感到非常舒畅。但是，由于他认为空气是单一的气体，没能对这种气体做出科学的评价。

不久，法国化学家拉瓦锡了解到了普利斯特里的试验，拉瓦锡马上重复了他的试验。从氧化汞中分解出这种能助燃、助呼吸的气体，称之为"纯空气"，直到1777年，正式把它命名为"氧气"。

拉瓦锡在前人及同代人工作的基础上，特别在关键时刻得到普利斯特里的帮助，经过大量的实验工作，对氧气做出了科学的分析和判断。尤其是水的合成和分解试验取得成功，氧学说才被举世公认了，所以拉瓦锡被誉为"真正发现氧气的人"。

9. 小鲜蛋"学"游泳

这个节目真有趣！报幕员于燕出来报幕时，手中端了个插着玻璃棒、放了一个鸡蛋的玻璃杯。

同学们当即又嘀咕开了：

"拿鸡蛋干什么呀？"

"大概是变小鸡吧？"

"不可能！这是科学魔术，又不是一般的耍戏法。"

"是生鸡蛋，还是熟鸡蛋，还不知道呢！"

……

于燕见大家议论不休，就用玻璃棒"当、当"地敲起了玻璃杯。待大家静下来，她指着杯里的鸡蛋说："下一个节目——小鲜蛋'学'游泳。"说完，放下杯子走了进去。

这可太新鲜了！没手没脚、圆圆胖胖的鸡蛋还能学游泳？大家听了，一齐大笑起来。

在笑声中，金老师端着小半杯水，李明端着一大杯水走了出来。

金老师问大家："你们都会游泳吗？"

"会！"不少同学齐声说。

"你们学游泳时，先学什么呀？"

"先学埋头换气。"

"好！咱们现在就让小鸡蛋先学埋头换气。"大家一听，一齐鼓起掌来。

金老师把李明端来的大杯水往玻璃杯里倒了大半杯，谁知小鸡蛋一动也不动地蹲在水底。

大家一见乐了，心想：看样子，小鸡蛋还不愿意学呢！

金老师又把她拿来的小杯里的水往玻璃杯里倒了一点儿，还用那根玻璃棒搅了一会儿，说："小鸡蛋你真懒，还不快点学游泳！"

这一来，把同学们又逗乐了。他们想：金老师真有意思，还和

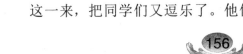

小鸡蛋说话呢！

这时，于燕突然惊叫了起来："冒泡了！鸡蛋壳上冒泡了！"

台下的同学看不清，急得一下子都站了起来。

金老师摆了摆手，让大家坐下。然后说："别着急，小鸡蛋马上就要学游泳了！"

大家不眨眼地看着。果然，小鸡蛋开始动了！不一会儿，就升到水面上来了，好像换了口气，又立即潜到水底去了；过了一会儿，好像憋不住了，又跑到水面上来换气……如此上上下下，忙个不停。

大家简直不相信自己的眼睛。小鸡蛋怎么那样听金老师的话，叫它学游泳它就学游泳呢？

金老师望着一张张疑惑的小脸，笑着说："怎么样，奇怪了吧！我把这个秘密告诉你们吧。鸡蛋在李明拿来的水里是不会学游泳的，可是我后加的小瓶里的液体不是水，而是盐酸。"

"加进盐酸，为什么小鸡蛋就能'学'游泳了呢？"李明不解地问。

"原因是这样的，"金老师接着说，"鸡蛋壳的主要成分是碳酸钙。碳酸钙遇到盐酸会产生出碳酸气。刚才大家看到鸡蛋壳上的气泡就是那样产生的。蛋壳上气泡产生得多了，鸡蛋受到的浮力就大了。当所受的浮力大于鸡蛋的重量时，鸡蛋就自动地升上来了。升到水面后，气泡破了，气跑到空气里了，于是鸡蛋所受的浮力又小了，鸡蛋又下沉了。下沉后又和盐酸作用，产生气泡，再上升……这样反复上下，看上去就像鸡蛋换气学游泳了。不过，表演时得用鲜蛋，因为鲜蛋比水重。"

原来是这么一回事！大家都笑了。

这时，一个穿花衣裳的女同学站起来，向金老师提出了一个问题："煮饺子的时候，一开始饺子沉在锅底，为什么熟了以后，就浮到了上面来了？"看来，她在家里还经常帮助家长做饭呢。

金老师解释说："这和鸡蛋游泳有共同的地方，和水的浮力有关。要知道，饺子里是有空气的。刚下锅时饺子的体积小，受到水的浮力也小，所以沉在锅底。过一会儿，温度升高了，饺子里的空气也因受热而膨胀，体积变大，于是受水的浮力也变大，当大于它本身的重量时，饺子就浮上来了。不过，它浮到水面后，里面的空气跑不出去，所以就不能再下沉了。"

同学们睁大眼睛，聚精会神地听着。真想不到，连煮饺子也有科学呢！

10. 人体里的化学元素

宇宙万物都是由化学元素构成的，人体也不例外。构成人体的元素有 60 多种，其中最主要的元素是氧、氢、碳、氮 4 种，它们占了人体重量的 96% 左右。除此之外，还有钙、磷、硫、镁、钠、氯等。其他在人体中含量极少的元素叫"微量元素"，有铁、碘、硼、硅、氟、铜、锰、钴、锌、硒、铬、钒、镍、钼等。尽管这些微量元素在人体中的含量很小，但却是人体健康所不可缺少的。

氧和氢两种元素组成了水。在我们的身体中，水分占了 70%，幼儿身体中的水分高达 80%。可以说，水是生命的源泉。人的身体是由一个个细胞组成的，细胞中就含有水。血液、唾液、胃液中，大部分也是水。就连头发、骨头、指甲中，也都含有水。我们身体中有各种消化腺，如腮腺、颌下腺、舌下腺、胃腺、肠腺、胰腺及肝脏。它们不断分泌出人体必需的各种消化液，将人们吃进的食物分解为人体能够直接吸收的营养。这些消化液就是人体中的"泉水"。

一个正常人，一天一夜能分泌消化液 8 500 毫升，一年则有 300 万毫升。

人体中的各种化学反应，都是在水的帮助下完成的。通常，一个成年人每天通过出汗和大小便排出大约 2 000 毫升的水。同时，每天必须吸收同样多的水，才能保持体内水分的平衡。一个人如果失水 20% 左右，又得不到补充，就会危及生命。在剧烈运动出了很多汗后，要多喝些水就是这个道理。

有些元素在人体中的含量很少，但作用却很大。人体中如果缺了它们，就可能会得病。人体中钠的含量约有 80 克，主要分布在细胞外的液体中。人的汗水、泪水带些咸味，就是其中含有钠的缘故。钾元素在人体中约有 150 克，大部分藏在细胞里。钠和钾对维持生命起着重要作用，它们能保持身体内正常的渗透压，调节体内的酸碱度和神经、肌肉活动。医院里给病人打吊针，常常就是补充钠、钾。当然，钠在人体中并不是越多越好的，含钠过多或者含钾过少，会产生心血管疾病。所以，在饮食中，最好能少吃含钠的食盐，多吃含钾高的食物，如香蕉、土豆、橘子、柚子、甜瓜、蘑菇和新鲜蔬菜。

在山区和乡村，常见有一些人得一种"大脖子病"，医生叫它"甲状腺肿大"。得这种病的原因是因为身体里缺乏碘。科学研究还证明，缺碘能引起人的智力低下。海产品中含有大量的碘，如海带、紫菜等。

镁的作用是激活人体中的各种酶，参与能量的代谢活动。如果长期缺镁，会引起心肌和心血管壁肌肉的损害。多吃粗粮、糙米、花生等可以补充镁。

铁是人体中氧气的输送者。人们每天要吸进大约 10 000 公升氧气，如此巨大数量的气体交换，都是靠结合在红细胞内的血红蛋白中的铁来完成的。而身体中如果缺少了铁，就会影响红细胞中血红蛋白的合成，引起缺铁性贫血。其实，一般人体中铁的含量不过 4～5 克。动物肝脏、瘦肉、蛋黄、鱼类、豆类、芹菜、豆芽等食物中都含有丰富的铁，常吃这些食物，可以预防缺铁性贫血。

锌是构成各种蛋白质分子的重要元素，缺乏锌会导致婴儿发育不良、创伤不易愈合等。如果我们常吃些海蛎子、鱼、羊肉、蛋黄、牛奶、菠菜、葵花子、花生、核桃等，就能有效补充锌。

人体中的铜是氧化还原体系中的催化剂。缺了它，人会得上低蛋白血症和营养不良。

在我国一些山区，有的人会患一种地方病叫"克山病"。因为这些地方土壤、农作物中硒的含量很低。缺硒还会影响人的生育机能。

钼在人体中的含量也很少，但如果缺了它，就可能产生低色素性贫血症和消化道癌症。

当然，微量元素在人体中的含量并不是越多越好。有的元素如果过量，人体不需要，就会被排出去；有的元素过多或过少，都会引起身体的异常。比如铬元素，人体中少了它会造成动脉粥样硬化，还会影响身体发育，影响视力；但如果太多了则又会产生鼻中隔穿孔。再如钒元素，过多过少都会影响胆固醇和脂肪酸的代谢。

还有一种重要的元素就是钙。钙在人体中的重量约为体重的 2%。人的骨骼、牙齿的主要成分就是钙。缺钙不仅会影响骨骼和牙齿的生长，还会导致神经紧张、脾气急躁等。而摄取足够的钙，有助于降低血压，防止心脏病、老年人骨质疏松症、动脉硬化等。钙最好的来源是乳制品。我们还可以从许多食物中摄取钙，如虾、蟹、鱼、豆腐、黑木耳、花椰菜、芹菜、红枣、山楂、花生等。

人体里有这么多化学元素，就好像是一座化学工厂。这些元素主要是从我们吃的食物中获得的。所以，我们平时要注意饮食多样化，不挑食、偏食，才能平衡身体的需要，保持身体健康。

11. 可以吃的石头和土

石头和土可以吃吗？说来你也许不信：有的石头和土不仅可以吃，而且人们还经常吃，甚至非吃不可呢！

我们的一日三餐少不了盐。盐分池盐、井盐、海盐和岩盐，岩盐就是一种石头。用传统方法做豆腐，要用石膏，人们吃豆腐，就在不知不觉中吃了"石头"。

有些石头，吃起来没什么味道，甚至还很难吃，因为能治病，人们得了病，就非吃不可。

我国古代的医学家很早就利用一些矿石作为治病的良药。治疗乙型脑炎的"白虎汤"药中以石膏为主药，石膏能解热消炎；麦饭石能治疗痈疽和发背疮；胆矾用作催吐除虫药；磁石用作镇宁安神药；滑石可以用来治疗心烦口渴、小便赤涩，还可以排除肾结石；浮石用来治疗胸肋疼痛，止咳化痰；朱砂能治睡眠不宁和惊痫病症；连大理石也可以入药，用来治疗肺结核病吐血。《本草纲目》中记录的矿石良药就有200多种。

有的人还有吃石头和土的癖好，这在古今中外都有过记载。我国宋代时，有个叫夏文庄的人，家中豪奢，吃的是山珍海味。不知是吃腻了，还是别的什么原因，他对美味佳肴毫无兴趣，而对钟乳石等东西竟能吃得津津有味。每天早晨起床后，他首先要吃一碗钟乳粥，就是用钟乳石做的粥。有人见了，也悄悄地吃这种粥，结果却生了

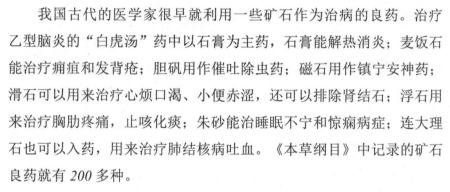

疮疤。

为什么有些人喜欢吃石头和土呢？科学家做了不同的解释。有人认为，岩土里含有一些人身体里缺少的某些微量元素，如铜、硒、钼、铅、钴等；也有人认为，这可能同疾病和寄生虫有关。

12. 地里飘出的"雪花"

20世纪初的一个夏天，在美国南部的得克萨斯州地方，曾经发生过一件奇怪的事。那时，有一支地质勘探队在那里勘探石油，他们夜以继日地往地下钻孔，几天下来，钻探机已经钻了很深的深度。一天，正当他们往下沉降井管时，突然从地下喷出一股高压气体，在钻井台上操作的勘探队员，个个措手不及，有的被气浪打得后退几步后摔倒在地，有的边往后退边高声喊着："井喷了！井喷了！"

过了片刻，高压气流中还夹带着许多洁白的"雪花"状物体一起往外喷射。这些物体，先是在半空中纷纷扬扬，然后缓缓飘落地面。看到这种奇观，有几位青年人觉得好玩，便走了过去，伸出双手想将雪花扫扫拢，做个雪球，就在这个时候，有位青年像触电似地马上把手缩回来；有位青年将手缩回来一看，手上出现红肿；有位青年的手上则显出黑色的斑块。

过了一阵子，所有在场的勘探队员都感到气温急骤地变化着。刚才那令人窒息的闷热天气，顿时变成料峭的春寒。与此同时，飘落过"雪花"的地面上弥漫着迷迷蒙蒙的水雾。身处雾幕之中的勘探队员，油然产生了飘拂欲仙之感。

随着"云雾"的蒸腾，勘探队员发现地面上的"雪花"逐渐减少，不一会儿就像炊烟那样消散得无影无踪。

这种变戏法似的"雪花"，究竟是什么怪物？原来，这种"雪花"的真实身份是"干冰"。干冰不是冰，不是由水凝结成的，而是无色的气体——二氧化碳凝结而成的一种固态物质。

如果把二氧化碳装在一个密封的钢筒里，再一加压，就变成水一样的液体了。再继续对这液体增压或降温，就会变成比雪更细一些的干冰。

埋在地下的油层，顶部存有天然气，这种气体中含有二氧化碳。这种二氧化碳被埋在很深的地方，承受的压强已相当大了，在这种高压下，二氧化碳气体都变成了固态的干冰，因此井口出现了喷射"雪花"的奇观。

干冰在常压下蒸发时，温度能低到约 $-80℃$，如果用手触摸它，会把手冻坏的，所以那几位好奇的年轻的勘探队员，不是手被冻得红肿，就是皮肤上出现了黑色斑块。

由于干冰的温度很低，在常温的空气中会急剧升华，使其周围的空气温度迅速下降，空气里的水蒸汽便凝结成雾，因而出现了故事中说到的"顿时变成料峭的春寒"气温和"弥漫着迷迷蒙蒙的水雾"。正因为干冰具有这种特殊"性格"，所以电影和电视剧中那些飘飘袅袅的云雾镜头，都是请干冰出场"帮忙"拍摄而成的。干冰还可以用于制造汽水、啤酒等饮料和作制冷剂、保鲜剂、灭火剂用。人们还将它作为化学药剂来耕云播雨，使美妙的甘霖从天而降。这样看来，干冰的功劳还真不小呢！

13. 哑泉之谜

　　长篇小说《三国演义》中，曾有描述诸葛亮南征第五次擒获孟获的故事。故事中说：孟获和他的弟弟孟优逃到秃龙洞讨救兵时，秃龙洞洞主朵思大王向他们兄弟俩夸口说："你们不必动用一兵一卒，我附近那四口毒泉，到时就可以使百万蜀兵有来无回。"接着，朵思便诉说起那四口毒泉来：第一泉名叫哑泉，水味甘甜，人饮后话语不清，几天以后便会中毒身亡；第二泉名叫灭泉，水呈汤状，若用泉水洗澡，皮肉就会腐烂，致人身亡；第三泉名叫黑泉，水清而且深，水花溅到身上，就会全身中毒，变黑身亡；第四泉名叫柔泉，水冷如冰，人饮后浑身发冷无力而窒息身亡。蜀兵到来后，四周都没有饮用水，必定到这四口泉来饮水。

　　果然如此，蜀军先锋王平率领几百名军士前阵探路，天气闷热，人马争着饮用第一泉——哑泉水。等他们回到大营，一个个只会指着嘴巴，张口结舌说不出话来。诸葛亮知道后，便亲自来到哑泉边，想看个究竟。到了泉边后，只见清水一潭，深不见底，水气凛凛。诸葛亮下车，登高望去，见四面群山遍岭，不见人烟，也不见鸟儿，心中很是不安。后来，幸亏找到山林深处一位叫万安隐者的人。隐者叫童子引王平等一队哑军先饮草庵后的安乐泉，饮后不久，这队哑军个个吐出恶涎，随后也能够说话了。隐者又告诫诸葛亮，这里还有三口毒泉，切不可饮，但是如掘地为泉的则尽管饮用。于是，蜀军安然无恙，安全行军到秃龙洞前，五擒孟获。

　　尽管《三国演义》是文学小说，许多人物和情节都是根据某些传说人物虚构的，但是其中所涉及到的大量天文、地理、气象等自然科学知识，并非随意杜撰的。诸葛亮南征的故事发生在云南境内，而云南处在"三江多金属成矿带"的主体位置上，境内遍布大小铜矿，著名的东川铜矿自东汉起就开始开采。小说中的哑泉，很可能就是一种俗称"胆水"的含铜盐的泉水，即硫酸铜（胆矾）的水溶液。云南铜矿多为铜的硫化物矿床，如黄铜矿等，这类矿石中的铜不会溶于水，怎么能够变成铜溶液呢？这主要是几种微生物的功劳，如氧化硫杆菌、氧化铁硫杆菌、氧化铁杆菌等。黄铜矿往往与黄铁矿及其他金属硫化物矿石共生，这几种微生物就生活在低含量无机盐弱酸性矿水中。在其自养过程中，专吃矿中的硫化物和低价铁，变成硫酸铁和硫酸。形成的这种酸性菌液，对矿石中的铜或其他金属又有氧化、分解和溶解等作用，于是把本来不溶于水的铜转化成硫酸铜（胆矾），溶于水中即成了胆水。饮用胆水后引起的铜盐中毒病状是：呕吐、恶心、腹泻、言语不清，最后虚脱、痉挛而死，与小说中饮哑泉水后的症状相似。胆水解毒最简单的方法是渗进大量石灰水，两者反应生成不溶于水的氢氧化铜和硫酸钙沉淀，剩下的是解除了毒性的清水。估计拯救诸葛亮部下性命的安乐泉，就是一种碱性水，能使铜盐产生不溶性沉淀物。哑军饮了此泉就等于清洗了肠胃，减轻了中毒症状。其他三泉也非子虚乌有，其中也有一定的科学依据。

14. 李白斗酒诗百篇

据说唐朝天宝初年春的一天，唐玄宗与杨贵妃在兴庆宫香亭畔观赏牡丹。可是，看着看着，唐玄宗似乎觉得有些缺憾，原来是牡丹虽好，没有音乐相伴，便命著名乐师李龟年等奏乐，以歌舞助兴。乐师难得看到皇上如此高兴，连忙卖力地吹奏起来，没想到刚唱几句，皇帝脸上即露出不悦之色，命令立即停止演奏，会看皇帝脸色行事的得宠太监高力士马上到玄宗面前询问缘由。原来是乐师的歌和曲都是一些旧歌陈曲、陈词滥调，皇帝听了不但没有高兴，反而觉得心烦。高力士立刻向皇帝建议："皇上，要想听新词，何不召那李白进宫当场作词以助雅兴。"玄宗一听，龙心大悦，说道："正合朕意，李龟年，朕命你速召李白进宫，填新词再唱。"

于是，李龟年急急忙忙上马出宫找李白，左打右探，才知道李白正在长安街上的一家酒楼中饮酒。可是，当他赶到酒楼一看，李白已经喝得烂醉，这可如何是好。不过，皇帝的话是必须遵从的，皇帝要召李白进宫，不去不行。最后，李龟年决定先把他用马驮回去再说。

在皇宫中，李白醒来后，玄宗对他说："李爱卿，今日牡丹盛开，朕与爱妃在此赏玩，不想再听那些陈词滥调，故唤你前来作新词。"李白听了，对皇帝说："回皇上，要我作词不难，请先赐酒。"杨贵妃在旁听了不禁关切地问："李爱卿，你刚刚酒醒，再喝醉了，那可如何是好？"李白躬身答道："回贵妃，臣是斗酒诗百篇，醉后诗兴方如泉。"玄宗听了不禁笑道："既然如此，快把西域上贡的上品葡萄酒拿上来，供李爱卿一醉方休！"杨贵妃也在旁说道："李爱卿，让我用这九宝杯为您斟酒，以助酒兴。"于是，亲自倒上满满一杯葡萄美酒赐予李白。李白接过美酒，一饮而尽，紧接着又连饮数杯，才感到微微入醉，飘飘欲仙，趁此佳态，立即挥笔写了三首著名的《清平调》。

唐玄宗看了这三首《清平调》，十分欢喜，即刻命乐工演唱，并且亲自吹着玉笛伴奏。这个脍炙人口的故事在民间流传了几百年。可李白醉酒写好诗的谜底，却在近代才揭开。

原来酒中含的酒精能使含有脂肪的蛋白质的脑细胞产生物理变化，人长期大量饮酒，会使脑细胞膜硬化，这种病态，要靠喝酒才能暂时恢复正常。

李白长期嗜酒如命，是尽人皆知的，无疑是患上了慢性的酒精中毒症。平常他的脑细胞膜处于硬化状态，吟诗显得困难，必须喝上一定数量的酒，以使脑细胞膜暂时恢复正常，才能够思维敏捷，诗如泉涌，写出好诗来。所以，郭沫若先生曾这样评价李白：当李白醉了的时候，是他最清醒的时候，当他没有醉的时候，是他最糊涂的时候。

值得一提的是，我国唐代还不会酿制酒精含量很高的酒，一般喝的都是用糯米或黄米酿造的米酒，相当于现代的糟酒，酒精度很低，因此李白才能饮斗酒，敢说"百年三万六千日，一日须饮三百杯"。要是今天的 60 度白酒，莫说 1 天喝 300 杯，恐怕 30 杯也饮不下啊！

15. 妙断毒针案

瓦特是一位赫赫有名的人物，一提起他，几乎人人都知道他是一位大发明家，发明过蒸汽机。然而，他还充当过侦探，破获过一起凶杀案，知道这方面情况的人怕不会太多。

那是在一年的冬天，英国格拉斯哥大学的里斯德教授把瓦特请到他的研究所办公室，他们寒暄几句后，教授便把话题转到正题上来。他说："瓦特先生，我今天特地请你来，是想请你帮我一个忙。我试制的一部机器的设计图纸，昨天发现已被人偷拍过。这部机器精密度相当高，其中有一些零部件的制造是偷拍者难以胜任的，你的手艺精湛，偷拍的人日后一定会来求你帮助解决的，到那时，请你……"

老教授说到这里，他的助手端着两杯咖啡推门走了进来。教授一看，立即中止谈话。

助手放好咖啡后没有说什么就出去了，稍后又提了一只水壶进来，把它放在火炉上，然后又往火炉里添加了一些木炭，临走时还很有礼貌地对瓦特说："瓦特先生，咖啡已不大热，请趁热喝了！"说着，便顺手把门关上走了。

老教授听清他的助手已走远了，便站起来走到房门前，小心翼翼地用钥匙把门反锁上。回到座位坐下后，小声地对瓦特说："这样，再也不会有人进来打扰我们了。现在，我连自己的助手也难以信任。"

老教授呷了一口咖啡后，向瓦特详细介绍机器设计图纸被偷拍的经过，并要求瓦特如果有人拿这一设计图来请教时，立即告诉他。

瓦特边听边喝咖啡。不知怎的，他渐渐地感到头晕、乏力。

"一定是咖啡里放了安眠药。"聪慧而机智的瓦特马上意识到是有人搞的阴谋，但是为时已晚。又过了片刻，瓦特觉得浑身麻木，便昏昏沉沉地靠在沙发上睡着了。

等到瓦特醒来时，他连喊了几声老教授的名字，可是总叫不醒他。瓦特站起来一看，老教授已倒在沙发上死去了。再仔细一看，发现老教授的颈上扎着一枚约5厘米、带有软木塞的针。这针分明是枚毒针，致使教授在短短的时间内死去。

这时，瓦特已完全清醒了，他细细一想，这件凶杀案完全是有预谋的，于是他决定不惊动任何人，亲自侦察破案。他想，在咖啡里投放安眠药，可能是教授的助手所为。可教授颈上的毒针又是谁扎的呢？他从查看房间的环境入手，看了看办公室的门，门仍然关着，老教授的钥匙原样插在锁眼里，显然从教授的助手提来水壶后，就再也没有人进来过。再看看四周的所有窗户，也都全部紧闭着，办公室成了全封闭的了，毒针从办公室外面投射进来也是不可能的。瓦特搓着双手，在房间里踱来踱去，苦苦地想着。他一会儿望望天花板，一会儿又看看地板，都没有发现可疑的地方。后来，他把眼睛落在那直冒着蒸汽的水壶上。凭借职业的本能，他明白了，终于悟出了是教授的助手运用蒸汽的原理干的。教授的助手先把插有毒针的软木塞轻轻塞在水壶嘴上，然后放在火炉上，壶嘴正对着教授所坐的位置和他颈子的高度。当水壶里的水烧开后，壶内的蒸汽压力不断增加，到了一定程度时，软木塞带针迅速飞出，毒针便有力地扎在教授的颈上。

瓦特把自己侦查的初步结论报告了警方。经过警方进一步的侦查和对教授的助手的审讯，证实了瓦特的结论，案件终于破获。原来，教授的设计图纸是他的助手偷拍的，而后又怕教授追查，妄图独占这项发明的专利权，才制造了这一毒针案。

16. 钻石疑案

相传，在 18 世纪的法国巴黎，曾发生过这样一件事：

在巴黎市中心开设有一家珠宝行。珠宝行老板是一位年过花甲的老人，名叫考尔比。考尔比经营这家商行已三十多年了，商行的规模在巴黎城同行业中是数一数二的，它的声誉蜚声整座巴黎城。商行顾客盈门，生意兴隆。有一年，商行从东方的印度采购到一颗世上罕见的钻石。消息像插了翅膀迅速地传播开来，一下子轰动了全城，市民都想一睹为快。

一天，三位顾客——莫尔、埃罗、桑特同来珠宝行参观。老板考尔比热情地欢迎他们的光临。寒暄一番以后，考尔比便把三人迎入珍藏室。老板边介绍，边打开珍宝箱，那颗乌黑透亮的钻石，使来客赞不绝口。老板盖好珍宝箱后，又谨慎地用一张粘满浆糊的白色纸封条封好，然后把客人领到客厅叙谈。

当客人坐定后，考尔比先后给三位客人各送上一杯咖啡。在客人端咖啡杯时，考尔比发现三人的右手手指上都有点小伤：莫尔的食指稍有发炎；埃罗的拇指曾被毒虫咬过；桑特的中指则被刀划破。看来三人的受伤手指在来访前都用不同的药水涂抹过。

宾主边品尝咖啡，边无拘束地闲谈着。当他们谈兴正浓时，考尔比的老朋友——化学家德维尔前来拜访。经考尔比介绍，化学家与三位客人一一握手问好。

化学家德维尔是一位健谈的人，因而宾主五人叙谈的气氛更加热烈，谈论的内容也十分有趣。席间三位客人都有事先后外出，但是也都在很短的时间内又回到客厅，并且依旧谈笑风生。当客人再次谈起那颗罕见的钻石时，化学家德维尔也想一饱眼福，便请主人领他们到珍藏室参观。当主人撕下湿漉漉的白色纸封条、打开箱盖时，意外地发现钻石不见了。他伤心地喊了一声："我的上帝呀！"就昏过去了。沉着机智的德维尔唤醒主人，询问了整个过程，又察看了一下现场和封条后，便安慰老板说："不用着急！我会帮你把事情查得一清二楚的。"

化学家搀扶着考尔比回到客厅后，向三位客人宣布钻石失踪了。三位客人个个神情自若，像是没有发生过什么事似的。

化学家用锐利的目光从三人的手指上迅速扫过，然后对埃罗说："是你偷走钻石的！"

"凭什么判定我偷走了钻石？"埃罗强掩饰着内心恐慌反问。"你

那呈现蓝黑色的拇指。"德维尔十分有把握地回答。原来，德维尔刚
到客厅，与三位客人握手时，就发现他们手指各涂有不同颜色的药水：
莫尔的食指发炎，涂紫药水；埃罗的拇指被毒虫咬肿，涂碘酒，呈黄
色；桑特的中指被刀划破，擦红药水。如果钻石是莫尔或桑特偷的，
他们在启封条和贴封条时，在湿白纸条上会留下紫色或红色的痕迹。
而埃罗手指抹过碘酒，他在启封条和贴封条时，抹过碘酒的拇指与封
条上的湿浆糊接触时，碘酒中的碘与浆糊中的淀粉起化学反应，使原
来碘的黄色呈蓝黑色。德维尔看到白纸封条上留有蓝黑色痕迹，又见
到埃罗拇指上也有蓝黑色，便以此为据做出这一判断。

17. 杀死拿破仑的凶手

拿破仑·波拿巴出生在地中海的科西嘉岛，在资产阶级革命爆发
时，他在战争中初露头角，显示了他的军事才能，在收复国土和镇压
王党叛乱的战争中起了很大作用，威望日高，并逐步登上政治舞台。

1804 年，拿破仑加冕称皇帝，建立了"法兰西第一帝国"，并强
盛一时。由于他对外征战，对内掠夺，引起了欧洲国家人民的反抗。
1815 年，欧洲"反法盟军"攻入法国，拿破仑被迫退位。从此，他
成为一个囚犯，在大西洋圣海伦娜岛上度过了五年半的流放生活。

拿破仑在被监禁期间，多次控告英国看守企图谋杀他。他怀疑
那位英国看守在他的食物中放入了氧化砷，也就是我们通常说的砒霜，
欲使他慢性中毒而死。

在拿破仑去世前不久，应几位崇拜者的请求，拿破仑剪下自己
的一绺头发送给他们作纪念。后来，这绺头发被送进了历史博物馆中
收藏。

不久，拿破仑去世了，他死于什么原因，成了历史上悬而未决的疑案。

18 世纪时，氧化砷是一种常用的毒药。由于科学技术不发达，当时还没有办法从受害者的身体中测量出氧化砷的存在。到 19 世纪，科学家通过实验发现，如果长期少量服用氧化砷，不但会引起中毒症状，还能在受害者的头发中测量出微量的氧化砷。

20 世纪 60 年代，科学家对拿破仑的死因进行了分析，把放射化学分析——中子活化分析方法用在了这一历史疑案上。

科学家从历史博物馆中借出了这绺头发，并对它进行了化学分析。取一小部分头发进行中子活化，再用仪器测量出从头发中放出的 β 射线的能量及半衰期，进行计算。令人感到意外的是，在这些头发中发现了氧化砷的存在。而且，在头发根部的含砷量比发稍一端要多。有人怀疑那位英国看守在给拿破仑的食物中放过氧化砷。但是，从那位英国看守的辩解词中人们了解到，拿破仑生前用过的黑色头油中含有氧化砷。

科学家分析，不可否认，在 18 世纪时，生产的所有化妆品中都含有铅、砷等一些重金属元素。拿破仑头发中的砷很可能来自他使用过的黑色头油。

拿破仑头发中的砷到底是来自他吃进体内的氧化砷还是来自他用过的润发油，至今仍是个悬而未解的谜。

18. 神秘的"纵火犯"

1854 年 5 月 30 日傍晚，英国皇家海军"欧罗巴"号战舰舰长从皇家海军司令部出来后，便急匆匆地赶路返回军舰的基地。今天他的军舰奉命驶往某地执行一项紧急战斗任务，军舰必须立即起航。这次战斗任务十分特殊，军舰还必须另外加载 60 名骑兵和 60 匹战马。由于这是一次远航，还得同时带上足够的饲养战马的草料。因军舰本来是一艘战斗舰，货舱不多，所带的草料只好勉强储藏在弹药舱隔壁的一个狭小货舱里。草料多、货舱小，整个货舱被装得严严实实的。

一切准备妥当，军舰在夜幕中驶离基地，开始它的远征。两昼夜过去了，军舰的航行活动正常。就在第三个夜晚到来时，事情发生了。

那天傍晚，水兵和骑兵吃过晚饭后，便来到甲板上乘凉、散步。夕阳西沉，万顷碧波被落日映成紫色，波浪被余辉射成银花，光华灿烂。此时此刻，伫立在甲板上，迎着习习凉风，观看着这美丽的晚霞，真使人心旷神怡！

正当水兵和骑兵陶醉于这一迷人的暮色的时候，忽然值勤的水兵一声惊叫："货舱起火了！"火光就是命令，原来悠闲在甲板上的士兵眼明手快齐动手；有的提起取水的水桶，有的端来日用的脸盆，一起向着起火的货舱涌去。但是，这些行动都无济于事，当士兵刚赶到起火现场时，还来不及送水，便听"轰隆"一声，草料隔壁的弹药库爆炸了。顷刻间，整艘"欧罗巴"号战舰，就置身于一片火海中了，随后不久便埋葬于海底，战舰上的军官、水兵和骑兵、战马无一幸存。

英国皇家海军司令部保安部门对"欧罗巴"号战舰"纵火"案件十分震惊："欧罗巴"号战舰起航是秘密进行的，这个情报无法传到敌方，不可能遭受敌舰袭击的；"欧罗巴"号战舰这次军事行动，从舰长接受命令到战舰起航这段时间不过才一小时多些，战舰内外合谋"纵火"也是困难的。难道是战舰上的水兵不忠实吗？也不是，因为战舰上的武器是高度机密的，上舰的水兵的挑选是十分严格的。那么"欧罗巴"号战舰的"纵火犯"是谁呢？

根据保安部门提供的现场案情材料，一批司法鉴定专家正在秘密进行案情分析。专家经过的一番分析和取证，一致认为"欧罗巴"号战舰的"纵火犯"是储藏在小货舱里那批饲养战马的草料。

也许有人感到纳闷，没有人去点燃这批草料，怎么会自行燃烧呢？要想了解草料自燃，还得从氧化反应说起。

在化学上，把物质与氧发生的化学反应叫作"氧化反应"。像上面所说的草料自燃就是这种氧化反应的结果。这种草料大量堆积在不通风的货舱里，在室温条件下便进行缓慢而持续的氧化反应，氧化反应产生的热量不容易散发，进而使草料温度逐渐升高，氧化反应加快，最后温度达到草料的着火点时，草料便不经外来点火而自发地发火燃烧起来。"欧罗巴"号战舰就是由于这种自燃而遭受到整艘战舰覆灭的。

19. 化学魔术师

一百多年前的一天早晨,瑞典化学家柏齐利阿斯离家去实验室时，妻子再三叮咛："今天是你的生日，晚上宴请亲友，祝贺你生日。记住，下班后早些回来。"柏齐利阿斯向妻子点了点头，便到实验室去了。

柏齐利阿斯教授是一位做学问的人，工作十分认真，有时实验不好间断，在实验室一呆就是几十个小时，有时两三天，甚至一个星期都没有离开实验室一步。今天的实验十分重要，也很有意义，因此早晨踏进实验室后，他的心思完全沉浸在实验中，把晚上的生日宴会忘得一干二净，直到他妻子玛利亚赶来实验室叫他时，才恍然大悟，急匆匆地赶回家里。一进门，他的亲朋好友纷纷围过来举杯向他祝贺，柏齐利阿斯顾不上洗手就接过酒杯,把斟满的一杯红葡萄酒一饮而尽。

当他抹了抹嘴角时，却皱起眉头喊起来："玛利亚，你怎么把醋当酒给我喝？"老教授这一喊，把玛利亚和客人都给愣住了。玛利亚感到蹊跷，摆在宴会桌上的这瓶酒分明是红葡萄酒，他怎么说成是醋呢，莫非今天他给化学实验搞昏了头？为了证实这酒是红葡萄酒，玛利亚又给大家斟了一杯品尝，客人喝过后，个个深信不疑地表示：一点儿也没有错，确实是又甜又香的红葡萄酒。听了大家的一致意见后，柏齐利阿斯随手将刚才大家喝过的那瓶红葡萄酒拿过来，为自己斟满了一杯，喝了一口，仍是酸溜溜的。玛利亚将它端过来试喝了一口，酸得吐了出来，说："甜酒怎么一下子变成了酸醋呢？"客人纷纷凑近过来，观察、猜测着这魔术般的"神杯"发生的怪事。

柏齐利阿斯将酒杯里外仔细做了一番检查，发现酒杯里沾染有少量黑色粉末。他再看看自己的双手，10 个手指个个沾有些黑粉末，这是在实验室研磨白金时给沾上的。"哎呀，原来是这样！"他高兴地跳起来，然后拿起那杯酸酒一饮而尽。原来，把红葡萄酒变成酸醋是这位白金粉末"魔术师"变的把戏，是它使乙醇（酒精）与空气中的氧气起化学作用，生成了醋酸。后来，人们把这种化学作用叫作"触媒作用"，又叫"催化作用"，而把能使反应物潜睡的能力唤醒过来的、具有魔术师"魔力"的外加物质，叫作"催化剂"。

催化剂有正催化剂和负催化剂两类。正催化剂能使化学反应速度加快几百倍、几千倍，甚至几百万倍。使化学反应减慢的催化剂，叫作"负催化剂"。例如，在食用油脂里加入 0.01% ～ 0.02% 没食子酸正丙酯，可以有效地防止酸败。没食子酸正丙酯就是一种负催化剂。

在今天的化学工业中，催化剂种类已达 100 万种，有金属、氧化物、酸、碱、盐等，真是琳琅满目，层出不穷。它们在炼油、塑料、合成氨、合成橡胶、合成纤维等工业部门的许多物质转化过程中，大显神威、施展奇才，简直到了"点石成金"、出神入化的地步，创造出一个又一个奇迹。据统计，在化学工业中约有百分之八十五的化学反应离不开催化剂。可以这样说，没有催化剂，就没有现代的化学工业。

催化剂是化学中的魔术师，是化学工业中的一员主将。

20. 巧藏奖章

1943 年 *9* 月底，丹麦首都哥本哈根的金秋，天高气爽，气候宜人。在一个百花盛开的公园旁边，耸立着一座宫殿似的建筑，对着大门是圆柱大厅，大厅后面是有假山、喷泉和回廊的花园。花园右侧是一座别致的建筑，这里有卧室、书房、实验室、客厅、健身房……著名物理学家玻尔就居住在这里。

突然，一个神情慌张的青年人闯了进来。他是丹麦反法西斯组织派来给玻尔传达紧急消息的："占领丹麦的德国盖世太保已把你列入'黑名单'中，并正准备逮捕你。根据丹麦地下工作者的安排，你必须在今天晚上乘小船离开哥本哈根。"

那位青年人刚走不久，首都街头便出现一队队头戴钢盔、荷枪实弹的法西斯匪徒，他们骑着摩托车，带着令人毛骨悚然的啸叫声向四面八方窜去。显然，德国盖世太保策划的大搜捕开始了。

玻尔接到消息后，便开始紧张地整理行装。衣服、书籍、笔记、日常生活用品他都准备妥当。临行前，他的目光又落到那个华丽的小盒上。玻尔打开盒盖，一枚亮闪闪的金质奖章呈现在他眼前，并把他带回到 *21* 年前的往事中……

那时，他在"原子结构和辐射"的研究方面做出了重大贡献，于是获得 *1922* 年诺贝尔物理学奖金和奖章。*1922* 年 *12* 月 *10* 日，玻尔来到瑞典首都斯德哥尔摩的瑞典皇家科学院金碧辉煌的大厅，从瑞典国王手中接过金质奖章。

这枚奖章同他的生命一样宝贵，这不仅是他个人的珍贵纪念品，也是祖国和人民的骄傲和自豪！决不能留下来让它落入法西斯匪徒手中。但是，如果把它随身带走，那是极其危险的，因为一旦检查出来，将暴露自己的身份，落入敌人的魔爪之中，这事真使他左右为难。最后，他终于想出一个办法——秘藏。可是，藏到哪里才能万无一失呢？正当他苦苦思索的时候，保姆走过来整理实验台上的瓶瓶罐罐。玻尔的目光也同时被吸引到这些化学试瓶上。突然，眼睛一亮，脑海里同时闪过一个绝妙的主意：可用台上那瓶"王水"帮忙。于是，他立即动手，把金质奖章放入王水瓶内。只见闪闪发光的奖章体积愈来愈小，最后完全消失了，而那瓶王水看上去依然晶莹透明。玻尔小心地把这瓶王水放置在实验台上一个比较安全的地方，然后趁着漆黑的夜幕踏上漫长的旅途。当德国匪徒扑进他的实验室时，他已坐在接应的小船上。小船在汹涌波涛中颠簸着，经过一夜的航行，终于在瑞典海岸登陆。以后途经英国到达美国，逃脱了德国盖世太保的魔爪。

第二次世界大战结束后，玻尔重新回到自己的家里。当他走进实验室时，一眼便看到，留在敌人眼皮底下的那瓶王水安然无恙。于是，他小心翼翼地将一块铜块放进王水瓶内，很快，奇迹发生了：铜块愈来愈小，直至完全消失，而瓶底部出现一块黄金。这就是两年前溶于其中的那枚奖章的全部金子。玻尔在征得诺贝尔基金会的同意后，请人把这些金子重新铸成与原来一模一样的奖章。新铸成的奖章显得更加灿烂夺目，因为它凝聚着玻尔的无穷智慧和对祖国的无限热爱。

也许你要问：一会儿金质奖章变成王水，一会儿又把王水变成黄金，是不是玻尔在变戏法？不是，波尔只不过应用了一种简单的化学反应——置换反应。

原来，黄金是一种化学性质极为稳定的不活泼金属，很难与其他的化学元素发生化学反应；在普通的酸液中不会溶解，只有王水能够"降服"它，黄金溶于王水后，便生成一种化合物——氯金酸。而铜的化学性质比金活泼得多，所以它能够把黄金从氯金酸中置换出来。

21．古尸不腐之谜

日德兰半岛的夏季凉爽宜人，早晨的一场雨给半岛中部的托隆得山谷森林带来了一些料峭的寒意。凡恩和赫芬妮是来旅游度假的一对青年夫妇，他们在树林里搭了帐篷，白色的轿车就停在旁边。

雨后的森林显得格外幽静，年轻人陶醉在这静谧的气氛中，远处不时传来一些不知名的鸟的鸣叫声。林边有一片沼泽地，凡恩提着猎枪迈步走向森林与沼泽地的交界处，准备打点野味。山林里各种飞禽走兽很多，凡恩也不担心打不着野味，因此毫无顾忌地走着。突然，凡恩发现好像有个人趴在沼泽地里。他仔细观看，这是一名赤身裸体的男子，身体的一半在泥浆里埋着……

当地警察接到报告后，立即赶赴现场。警察认真地勘察了现场，死者看起来像刚死不久，两颊还留着短短的胡须。他们一致认为，遇到了一起案发不久的凶杀案，凶手好像残酷地绞死了死者后运到此处，仓促地扔在沼泽地中。警察局动用了大量的人力物力，聘请了富有经验的警探，来破此案。由于现场几乎没有留下凶手的任何痕迹，此案显得格外扑朔迷离，甚至连死者的身份也无法知道，因为当时没有发生一件类似的失踪案。法医初步鉴定也没有发现任何可疑的情形。此案发生在 20 世纪 50 年代，曾一度成为当地的"怪案"。

不久，有位高明的法医重新鉴定了死者的头发，结果令人大吃一惊。该尸体竟然是铁器时代初期遗留下来的古尸。人们不禁要问：

这可能吗？一具古尸竟然能保存这么久而且还完好如初？

其实近年来，世界各地不断发现保存完好的古尸及木乃伊。我国在发掘古墓时，也屡次发掘出非但不腐烂而且还栩栩如生的古尸，譬如新疆的楼兰女尸；广西发现的古尸，开棺时异香扑鼻；湖南等地发现的汉代古尸，肌肤柔韧，颜容宛如活人。

古尸怎么不会腐烂呢？这要从古尸制作说起。古埃及人在国王死后，为了使国王的躯体保存完好，就将他的尸体制成木乃伊。他们在尸体中加入特殊的香料充当防腐剂，使尸体不会腐烂。

加拿大安大略皇家博物馆珍藏着一具精心制作的木乃伊。这是一个精致的模壳，外面缠着饱浸胶粘剂的细麻布，模壳内即为一个保存完好的古代埃及妇女。

该博物馆的科学家为了检查这具外壳美丽的木乃伊有无腐化现象，同时看看壳体内还有什么随葬品，通过 CT 透视扫捕的方法，进行分层连续摄影，还用计算机测出了许多数据。根据扫捕显示出的纤维组织和骨骼的结构看，推测这具木乃伊生前是一个二十岁左右的健壮女性，至今已存在 2 700 年，仍无腐化现象。在她的腹部左边发现一个切口，上面盖着一个长方形的薄片。

防腐香料对保存尸体起着不可低估的作用，本文开头提及的古尸，由于其所处的泥炭沼泽地的水中，含酸量和含铁量很高，这也许是古尸未腐败而成为一种天然的"鞣尸"，泥炭土成为天然的防腐剂，加上气候寒冷，大部分时间是隔绝空气密封起来的，因而古尸肌肤柔韧，关节可以活动。

几千年前的古尸保存得如此完好，不仅仅是由于防腐香料的作用，还必须掌握保存尸体的外环境因素。大多数不腐的古尸、木乃伊必须隔绝空气、水分等才能保存完好。我国湖南马王堆汉墓，几乎是一个真空的墓室，尸体殓入多达 6 层的厚木板涂漆棺椁，在四周用粘性和致密性很强的白膏泥，连同吸湿性极强的木炭填实，这就高度隔绝了空气和水对尸体的腐蚀作用。而且在墓室密封后，完全消除了外界光线、温度、湿度等对尸体的损害，使尸体得到"永恒"的保存。

古尸究竟为什么不会腐烂？为什么会保存得如此完好？在缺医少药的时代，古代人是怎么弄到防腐香料的呢？在科学不发达的古代，他们是怎么知道保存尸体需隔绝空气、水，是他们知道了细菌能使尸体腐烂吗？如果这样，巴斯德发现的微生物理论要追溯到古代了！另外，马王堆汉墓的建造者是用什么方法将墓室建成近乎真空的房间的呢？而真空机是直到近代才发明出来的。

这些奥秘至今科学家仍在努力地探索，现在如此发达的科学技术要想揭开古尸不腐的秘密尚有很多困难。古人究竟怎么掌握其中的奥秘呢？仅仅是防腐剂就有相当多的复杂问题没有解开，更不必说这些防腐剂历经沧桑巨变，到挖掘出来时，已经"今非昔比"，无论是物质含量，还是物质性质都会发生一系列的变化，这些变化确实阻碍了我们揭开古尸不腐之谜。科学研究是没有止境的，随着现今科学技术的突飞猛进，相信有一天古尸的许多奥秘也会随之真相大白。

22. 高空气球

星期天，六年级一班的几个同学一起去少年宫参加活动。小红在乐器队，小明在航模组，小娜在合唱队……少年宫每两周举行一次活动，几个小家伙总是结伴而行。

他们几个虽说参加了少年宫的活动，可学习一点也没耽误。在班上几个人成绩总是不相上下，连老师都夸奖说："这几个孩子是全面发展，将来要保送上重点中学呢！"

下了公共汽车，忽听前边不远处传来劈劈啪啪的爆竹声，声音越来越响、越来越激烈，同时夹杂着二踢脚的高低音，回荡在空中。小红说："什么事这么热闹？"小娜说："反正时间还早，咱们看看去。""好！"大家一致赞同。循着声音跑去，原来是前边一座新的商业大楼在举行开业典礼。商店门口挤满了观看的人群。几排鞭炮同时点燃，那响声真是震耳欲聋。小红说："哎！快看，多大的气球呀！"大家这才往上看，几个特大的气球，吊起了四幅长长的大标语，标语上写着"开张大吉，欢迎光临"等口号。

小娜说："这几个气球怎么能吊起那么重的标语呢？过年时，我也买了一个好大的气球，挂在屋里，根本飘不起来，我用手使劲向上推，也只能飘一下，又落下来了。"小红说："你家的气球没劲儿。"小娜说："什么样的气球才有劲儿呢？"小红吐吐舌头，回答不出来。

"这还不算有劲儿的呢！还有比这厉害的！"被大家叫作"博士生"的小明说话了。大家最爱听小明讲故事啦！都觉得他知道很多很多的事情。小群说："博士生，你看的书多，给我们讲讲怎么样？"小明说："好吧，其实书上都写着呢！"他说："35周年国庆时，天安门广场上空飘荡着的气球，直径就有 6.5 米，下面吊起了四幅长长的标语。1973 年，我国向空中放出的第一颗电视转播气球，长 5.7 米，能吊起一千多千克重的仪器，厉害吧？"小群说："真够棒的！"小红说："小明，你说这气球里装的是什么气体呀？为什么能吊起这么重的东西呢？"

高空气球里充的是氢气或氦气，由于浮力及重力的作用，气球向上飘起，吊起重东西。

几个同学叫小明讲讲气球的秘密。小明用手推推眼镜，看看天空中飘荡的气球说："这些叫高空气球，这些气球里充的是氢气或氦气。刚才我说的 35 周年国庆节时，天安门广场上升起的四个巨大的气球，你们猜用了多少氢气？"几个人同时摇摇头说："不知道。"小明接着说："用了 28 瓶液态氢，才把它充圆。我国放出的第一只电视转播气球，里边充的是什么气知道吗？告诉你们吧，充了 7 000 立方米的氦气。所以它们才有这么大的力气。"小群问："为什么充了氢气或氦气的气球才能飞得高？"小明一边用手朝天上指指划划，一边给大家讲："氢气和氦气都比空气轻，在标准状况下，1 升氢气的质量是 0.089 9 克，氢气跟相同体积的空气相比，质量约是空气的十四分之一。所以，充了氢气的气球在空气里就像一根木头飘在水里一样轻。空气给它的浮力向上，地心引力给它的重力向下，一个向上托，一个向下拉，最终还是浮力大于重力，所以氢气球能轻轻飘飘地升上天空，还能用多余的浮力去吊起很重的东西。像小娜你买的气球里充的是空气，它与外界空气压力一样大，所以不会飘向高处，又不能吊起一张报纸。"小娜说："哎呀！氢气这么厉害呀！"小明说："还有更厉害的呢！氢气在氧气中燃烧，火焰可达 3 000℃的高温，所以人们就用氢氧火焰焊接或切割金属，熔化石英制成各种石英制品。液态的氢还用来做火箭或导弹的高能燃料。"小群说："氢气燃烧时，热量一定很高吧？"小明点点头又继续讲："氢气燃烧时发出的热量是汽油的 3 倍，最后生成的是水。有的科学家设想，如果利用太阳能将水分解成氢气和氧气，使氢气再燃烧产生大量的热，燃烧后生成的水又可作为原料，如此反复循环利用，到那时，开汽车不用汽油啦，只要带点水就行了，多省事呀！"小娜说："那多好啊！到时候，我们外出旅游，带点水就可以野炊啦！"小群说："我听我爸爸讲过，现在有的国家已研制出以氢气做燃料的汽车，只是没解决如何连续加氢气的问题。"小红说："那都是设想，什么时候才能实现呀？"小明充满信心地说："我想一定能实现，过去要说起卫星能上天，人能在月球上行走，如天方夜谭。现在不都变成现实了吗！比如，现在我国肾脏移植的成功率已经很高了，又在突破心脏移植的难关，有的国家正在进行大脑的移植，我想早晚有一天能实现。"

小红说："博士生，我们可是等着你去实现美好的愿望啦。到那时你若发明了用水做燃料的汽车，我第一个报名给你开车。"逗得大家哈哈大笑。

这时，只见观看的人们正在涌向大楼门口，小娜说："别笑了，时候不早了，咱们快走吧！"几个小伙伴，边说边笑地向少年宫走去。

23.　冻冰棍

放暑假了，爸爸带小杰到乡下去看望爷爷、奶奶。小杰非常喜欢奶奶家。因为，每年暑假回来，都能和叔叔家的哥哥、弟弟一起下河去游泳、摸鱼。小杰的"狗刨"式的游泳技术就是哥哥教的。最有趣的要算是下河摸鱼啦！哥哥摸得可熟练了，沉下去一会儿就摸上来一条。开始，小杰学着哥哥的样子，伏下身去，双手向底下一抓，拿出水面一看，是一堆烂水草。哥哥教给小杰摸鱼的要领，偶尔小杰也能抓上一条来。

这天中午，炽热的阳光烤着大地，田里的玉米叶都卷曲着，不敢"正视"火辣辣的太阳光，菜地里豆角叶子、黄瓜叶子都变得软绵绵的。

奶奶家的看门狗——花花，这时也趴在树阴下，耷拉着舌头，咻咻地喘着气，不时地眯上眼睛。一会儿又机警地竖起两耳，听着什么动静。

这天，从上午8点开始停电，直到下午2点还没来电，电扇只好在一边休息了。小杰和哥哥、弟弟正在堂屋里玩跳棋，热得他们用

183

毛巾不停地抹着汗。

小杰疲倦地站起身来，拍拍脑门说："这会儿要是能吃上点冰淇淋多舒服呀"！哥哥说："农村里没有卖冰淇淋的！"小杰说："没有冰淇淋，冰棍也可以呀！"弟弟叹了口气说："冰棍也得去集市上去买，这么热的天，谁去呀？"哥哥看了看冰箱的冷冻盒，里边的冰块全化成了水，说："唉！没办法，没有冰棍连个冰块也别吃啦！"

忽然，哥哥像想起了什么似的说："各位想吃冰棍吗？这好办，我有办法冻冰棍。"小杰说："别吹牛了。冰箱没电，怎么冻冰棍？"哥哥说："我就是有办法，不用冰箱照样冻冰棍。"小杰和弟弟异口同声地问："真的吗？"哥哥说："真的，我从不说假话。"顿了一下又说："不过，你们得听我的指挥，叫你们干什么你们就得干什么。"小杰说："好！"弟弟说："行！"

接着，哥哥给小杰和弟弟布置了任务："你们找一个塑料桶，再找一根干净的竹棍或一根筷子代替也行，再晾一杯白糖水。"说完就出门走了。小杰和弟弟不知哥哥干什么去了！赶快找来一个塑料水桶，并找了一根细木棍儿，用清水洗净，急切地盼望着哥哥回来。

一会儿，哥哥从外边抱回来一大块冰，哥哥说："这是在小卖部卖肉的爷爷那买的。小杰和弟弟一见冰块，赶紧过去，用双手摸着，再用凉手拍拍脑门，真舒服呀！"

哥哥找来了锤子，当当几下把大冰块敲碎了，装在水桶里。然后拿起食盐，哗一下子倒了半袋，然后用双手把它们混合均匀。又从抽屉里拿出一个小塑料管。塑料管大约有 15 厘米长，直径有 4 厘米。他把小木棍儿插入塑料管内。小杰和弟弟真是莫名其妙，不知道哥哥要变什么魔术，两个小脑袋一会儿扭向左边，一会儿转向右边，跟着哥哥来回转。哥哥向塑料管里倒上一管晾凉的白糖水，把塑料管插在冰块中，还不时地用手转动几下。弟弟实在忍不住了问："哥哥，什么时候能冻好冰棍呀？"哥哥热得满头大汗，用手背抹抹汗水说："快好了！"过了一会，哥哥把塑料小管拿出来，在桌子上磕了两下，用力把小木棍儿一抽。嘿！看，一根冰棍制成了。哥哥把冰棍递给了小杰说："你是客人，你先吃吧！"小杰把冰棍拿到弟弟的嘴边说："小弟弟，你先吃。"弟弟上去就咬了一口说："真甜！"小杰也咬了一口，含在嘴里说："真甜，就是太硬了。"哥哥也咬了一口说："冰在嘴里，凉在肚里。"弟弟说："哥哥，再冻一根吧！"哥哥说："没问题，再冻一根。"

接着哥哥又冻了一根冰棍。几个小家伙玩得真开心。小杰问哥哥："为什么不用冰箱，只是在冰里加点盐就能冻成冰棍呢？你跟谁学的？"

哥哥得意地说："跟书上学的，我们学的化学课，其中有一部分是小实验，就是这么做的。我还能自制清凉饮料呢！"弟弟也拉住哥哥的手说："哥，你给我们讲讲，为什么冰里要加盐呢？盐本身并不冷，怎么能冻冰棍呢？"哥哥拉起另一种腔调，说："行！我就用最通俗的话，给你们讲讲，你们一学就会。"

接着，哥哥就讲起了这里的奥妙。的确，食盐本身并不冷，可是冰是冷的，要溶化成液体，就必须要有一定的温度。从周围吸取热量后，自己的温度才能升高，开始溶化。而食盐又溶解在这些冰水中，使得冰点降低。这样带有食盐的冰块，必须从周围吸取大量的热量。周围供给热量后，冰块盐水又会继续溶化。这样反复重复着吸收热量和加快溶解的过程。周围的温度逐渐下降。有人做过实验，在这一过程中，温度甚至能降到零下 $20℃$ 左右。在如此冷的环境中，糖水能不结冰吗？有的商店就用食盐加冰块做制冷剂。

当然啦，制冷剂还有很多种，如二氧化碳在加压冷却的情况下变成固体，叫"干冰"。干冰就是一种制冷剂。它的优点是溶化后不会有水分，所以保存的物体不受潮。还有，把氮气冷却后变成液态氮，叫"液氮"，也是一种制冷剂，等等。这些制冷剂在工业、农业、医学方面应用可广啦！

24. 金属氢

氢在自然界100多种化学元素中可以称得上是"老大哥"了，因为其原子序数为1，所以即使对化学知识了解很少的人，也会首先想到它。氢也正是由于其得天独厚的地位，引起了科学界的广泛瞩目。

氢作为化合物的形成存在于我们的周围，已被人们广泛认识，如我们饮用的水（H_2O），就是同氢和氧化合而成的物质，我们胃内的胃酸，即盐酸（HCL）也是一种氢的化合物。其实，在我们机体的细胞组织中含有的氢离子（H+）则更多了，它们在我们生命的活动中，起到了重要的作用。氢以非化合物形式存在，我们也对此有些了解，如液态的氢是目前航天领域中独领风骚的动力燃料，其燃料所产生的热能远远超过了我们现在已知的可用性燃料，并且其体积小、重量轻，已成为航天器最为理想的动力来源。

在氢为我们创造了大量的不朽杰作的同时，人们不禁又突发奇想，氢在常态下是以气体的形式出现的，能不能将其制成金属呢？这种想法不是没有科学道理的，因为与氢同属一族的其他元素都是金属，唯独氢是气体，这看起来似乎不应该，那么有没有什么办法将氢制成金属呢？

英国物理学家贝纳尔早在60多年前就曾做出一种预测，只要有足够的压力，任何非金属物质均能够变成金属。因为，极大的压力可以使原子之间的化学键受到破坏，使原子间距缩小，从而原子间的相互作用大大加强，将原来只能在一定分子轨道上运动的电子变成自由电子。这样，该自由电子就变成各个原子所共有的，从而形成具有自由电子的金属了。按照贝纳尔的设想，科学家便着手于这项巨大的工程研究，结果是令人惊奇的，科学家在超高压的作用下，已成功地将非金属物质如磷、硒、硫等变成了金属，使之成为既有金属光泽，又有良好导电性的金属物质。进入 20 世纪 80 年代，科学家又成功地将氙气在 32 万大气压和 $-241.15℃$ 的条件下变成了金属氙，随后又在 100 万大气压下成功地制成了具有金属光泽的氧。于是，人们又开始向更高的尖端进发了，他们要制出金属氢。

据科学家分析，金属氢将具有极为特殊的性质，如常温超导性、高导热性及高储能密度。当然，这些仅仅是科学家的推测，至于金属氢一旦制成，是否真的像人们所想象的那样，目前还一无所知。人们一次次的尝试均失败了，然而这更激发了科学家的斗志和探索精神，终于人们在超高压压力机下得到了一线希望。当超高压压力机达到 100 万个大气压时，人们在两个压砧之间通人纯度极高的氢气，并且将温度降至 $-268.75℃$ 时，奇迹发生了，人们终于在两个压砧之间得到了一种具有金属光泽，其电阻率不足原来百分之一的金属氢。更值得欣慰的是，当人们将超高压力减少时，其仍能稳定地处于金属状态，这无疑为那些苦苦探寻金属氢的科学家注入了一针强心剂，于是他们又开始向更新的阶梯攀登。但是，目前摆在我们面前的困难还很多，如超高压机的研制、开发，金属氢在常温下能否稳定存在，以及将来能否大批量地生产与制造，这一切我们无从得知。至于这个美好的构想能否实现，还需要时间来回答。

25. 金钢石的成因

金刚石是一种极为珍贵的修饰材料，被广泛应用于装饰品的制作上，如我们通常所见的钻石戒指、钻石项链等，其价格极为昂贵。由于金刚石被精心琢磨后，可以从多个角度反射光线而显得十分璀璨夺目，因而在首饰品中格外受到青睐。然而，金刚石的硬度极高，一颗金刚石从原质打磨成一颗名贵的钻石，需要相当长的时间。也正是由于金刚石这种极高的硬度，在工业上被广泛地应用于一些坚硬物质的切割上，以及磨损程度较高或温度较高的部位、部件。

金刚石的化学成分为碳（C）等轴晶系，多呈八面体晶形。而与金刚石同为一族的石墨却是截然相反的，石墨的硬度为 1，而金刚石的硬度则为 10，金刚石坚硬无比，而石墨却只能作为工业上的润滑剂。那么，为什么金刚石会有如此坚硬的性质呢？这是因为金刚石虽然也是由碳元素构成的，但是其碳原子之间的结构极为紧密，各个原子作用力均相等，因而很难使其之间的化学键断裂。这种极为稳定的晶体结构，在化学界是极为少见的，因此说金刚石是化学界的"骄子"。

人们所获得的金刚石大多数都是天然的。关于金刚石是如何形成的，历来都存在着不同的看法和见解。有人认为是腐殖土和淤泥形成的，并且与炎热的气候有关；也有人认为，金刚石是由腐烂的沼泽在雷电的作用下形成的。在 1982 年召开的一次关于金刚石的国际会议上，有人提出金刚石是由于地球深处的压力和温度较高而形成的，并且提出在陨石撞击地球的一瞬间也可以形成金刚石。尽管这种陨石学说也得到了证实，但是人们在陨石中发现的只是一些体积微小的金刚石颗粒，对于较大体积金刚石的成因无法解释，因而人们主要倾向于地球深处形成说。根据压力和温度的推算，金刚石的形成应在距地表 100 千米左右的地下。

在人们发现了金刚石的优良特点及可能形成的原因后，科学家便根据金刚石可能的形成条件进行了实验。这种仿照自然条件通常需要一个 900～1 300℃ 的高温及 5～10 万个大气压的压力环境。功夫不负有心人，早在二十几年前，科学家就成功地在实验室中合成了金刚石，尽管合成的只是一些微小的颗粒，但这足以证明人工合成金刚石是有可能的。到了 20 世纪 80 年代，科学家已不用在超高压的条件下合成金刚石了，他们采用的新方法，在常压下或低于一个大气压的低压下也能成功地合成金刚石，这对于人类是一个极为重大的贡献。

26. 铜

人类可考证的应用铜来制造用品的最早年代，是青铜时代，距今已有 4 000 多年了，在我国传说中大禹就用铜来制鼎。到了商代，铜器已在我国盛行。铜器作为生活用品及餐具，其历史也是极为悠久的，河南省的郑州市、安阳市等地出土的商代青铜器表明，我国铜冶炼技术和制造工艺均有较高的水平，在出土文物中最为多见的要算餐具，如盆、碗、碟等，以及酒具，如酒壶、酒杯等。由此可见，我国人民对于铜的认识远比其他国家要早。

然而，到了 19 世纪，铜器制品作为餐具在餐桌上一夜之间消失了，原因在于一些化学家发现，铜能与生物体内某些物质，如氨基酸、蛋白质等起化学反应，生成蓝色的沉淀或结合物，这些沉淀物不能被生物同化，因而他们认为铜对人体有害。对于这个说法，人们始终持有不同的观点，因人类长期以来都用铜作为餐具，如果铜有毒的话，应早就被古人所认识，另外对从出土的木乃伊的研究中，也丝毫没有得到关于铜中毒的一点证据。尽管双方争执不下，但是铜作为极为普及的日常生活用品，却在逐步地消失，取而代之的是钢铁、铝及其合金制品。

也许铜被取代是一种必然，因为铜与这些金属比较起来要昂贵得多，而且同样大小的东西，铜制品则让人感到沉重。另外，铜器如保管不当，往往会生出绿色氧化物，这一切都使得铜转向了工业。

其实，铜并非那么可怕，生理学家研究发现，铜元素是生物体内不可缺少的微量元素，生物体内蛋白质的合成、DNA 的复制，都必须有铜元素的参加才能完成。在植物中，叶绿素被植物制造的过程中，铜是不可缺少的催化剂。另外，铜对植物细胞膜的通透性有着直接的影响。没有铜，植物细胞就不能与外界正常地进行物质交换。铜是合成血红蛋白的重要物质之一，血红蛋白是人类赖以生存的机体物质，由于它的存在，人体细胞才能正常地利用氧，并且将代谢产生的二氧化碳由血红蛋白运送到体外。此外，铜对人体的新陈代谢、生殖都有着重要的影响，铜的不足将使人体的新陈代谢停止，同样也会使人不能生育。但是，铜如果摄入过多会导致肝硬化、精神分裂，以及植物神经功能紊乱等疾病。对于铜的每日摄入量多少应为合理，还不能像其他元素那样有着统一的标准。专家指出，只要是正常饮食，人体的铜元素的量就可以完成其生理活动，但是患有长期慢性消化性疾病的患者，则有可能铜不足，这要视具体情况而定。

总之，铜的用途已经人人皆知了，但是铜对于人的作用，我们只是有一个大致的了解。从文字中可以看出，铜并不像以前人们所想象的那样是有毒的，但是也并非无害的。至于其对人体微观的影响机理，目前尚处于一种较低水平的研究阶段，希望在今后的研究中，能够为我们揭开铜作用于人体的机理之谜。

27. 放射性元素从哪里来

在自然界或科学实验中，有一些原子是极不安分的，它们能够自发地产生变化，有高能粒子或 9 射线光子从它们的原子核中逃掉。原子核中的粒子数减少，因而这种原子就变成了另外一种原子，而属于同一种元素的原子可以称为这种元素的同位素，这种能够从原子核释放出高能粒子和 9 射线的原子，我们一般称之为有放射性的原子，由这种原子构成，或由放射性同位素所组成的元素，就是放射性元素。

放射性元素一般分为两类：天然放射性元素，如铀、钍、锕等；另外是人工合成的人工放射性元素，如钷、镅、锝等。化学元素周期表显示的情况表明，在已发现的 107 种化学元素中，排在靠后的位置的基本上都是放射性元素，并且以人工合成的放射性元素居多。另外，一些本身并无放射性的元素，其同位素却具有放射性，这类放射性同位素也占有相当大的比重。

放射性元素都具有一个相同的特点，那就是其原子不断进行变化并释放高能粒子和 9 射线，这种变化根据自身元素的不同，时间长短不一，长者可达数亿年，短则仅仅为几千分之一秒。因而，我们对于这种放射性元素的寿命很难估测，在化学上通常采用一种称为"半衰期"的计算方法，就是一种元素其衰变为原来的一半所需的时间。这种半衰期的测定既复杂、又简单，说其复杂，是因为它包括对元素内部原子活动情况的测定，这种原子发生变化可能是瞬间完成的，也可能需要很长时间，所以其原子变化是较难观测的；说其简单，是因为当原子发生变化后，则很容易计算出其整体变化。放射性元素的半衰期实际上就是对于该元素的稳定性的一种制定。如钍323这种同位素的半衰期为140亿年，那么无论从宏观还是从微观来讲，几乎与非放射性元素一样，具有着较高的稳定性。而氦5这种同位素，其半衰期仅仅有一千亿分之一秒，因此人们是很难看到它的存在的。

放射性元素最早是法国物理学家亨利·贝克勒尔在1896年发现的，从那时起，人们就开始探索放射性元素为什么会有放射性。目前的研究结果使人们对此有了大概的了解和认识，一般元素其原子核中有84个或多于84个质子的元素都是放射性元素。在原子核中，质子是带有正电荷的，根据库仑定律，"同种电荷相互排斥"理论，这种质子之间的相排斥力，使得原子核结构很不稳定。因而，只有放出带正电荷的质子才能保持稳定状态。当质子被释放后，其原子核中质子数目减少，因而就变成了另外一种元素。一种元素是否稳定，主要取决于原子核内的中子与质子数值的比，即 n：p。这个比值太大或太小都是原子核不稳定的因素所在，通常认为在1.2：1～1.5：1的范围内，是元素稳定的条件。

放射性元素为什么可以通过释放质子或捕获电子来达到这种稳定状态，以及为什么 n：p 在1.2：1～1.5：1之间，元素才具有稳定性。这一现象，目前还无法准确地回答，还有待科学家的努力。

28．海中寻铀

铀作为一种放射性化学元素在国防、工业、科研中，有着极其重要的地位。由于其核裂解时能释放巨大的能量，从而成为核武器的主要原料。随着人们对于铀的认识由过去的单一性向多元化转变，从而更加重视起了对铀的开发和利用。

目前，全世界拥有核武器的国家很少，而核工业国家却不断地发展，核能也由单纯的军事型转变为民用型，核电站就是这种转化的典型代表。目前，世界上各国的核电站原料能源大都采用铀。因而，人们从以往的淘金热，变成了淘铀热。

据科学家分析，全球陆地上的铀矿总和约可产铀 250 万吨，也就是说，如果全世界都采用铀为原料制造核武器、核电站及在航天、航海中应用核燃料的话，那么用不了多长时间，大陆上的铀矿就会被开采一空，而为之所建立的一切设施将变成一堆废钢铁。当然，这种想法确实有点悲观。

专家又宣称：铀在海水中的总量超过陆地总量的 1 500 多倍。这无疑为有核武器、核工业的国家注入了一针强心剂，于是人们便开始了海中寻铀的艰难工作。

在人们头脑一阵发热之后才慢慢地发现，这是一场多么艰难的工作呀！铀在海水中的浓度仅为十亿分之三，也就是说，1 000 吨海水中仅含有 3 克铀，铀存在于海水中的三碳酸盐复合物中。人们在处理了大量海水之后才发现，从海水中提取的铀所能释放的能量，仅仅相当于或略高于将其从海水提取过程中所消耗的能量，这未免有些得不偿失了。于是，科学家又开始探讨新的方法，以减少耗能而获取更多的铀。

美国科学家用有机树脂分离海水中的铀与其他金属，在实验室研究中获得了成功，但是由于有机树脂的吸附率较低而大量生产成本较高，很难在实际工业中应用。后来，又经过长期的探索，终于发现了一种较为理想的新的铀吸附剂——水合二氧化钛，并且就此研制出了一套以二氧化钛为基础的海水采铀的技术。

在这众多的研究大军中，我国科学家为此做出了重大贡献。他们研究发现，氧化铝、氢、氢氧化铁和氧化锌的吸铀能力最强，并且已在实验中得到证实，如果在实际工业中能够得以应用的话，那么提取铀的成本将大大下降，这无疑为海水提铀工业做出了巨大的贡献。

另外，国外一些研究机构也发现了较为经济方便的抽铀方法，他们研制开发了一种负离子交换剂，其吸附铀的效果也十分显著，在实验室中表现良好，但是在利用潮流的海水实验中却令人失望。如想突破这个大关，尚需要另外研制一个与之完全不同的抽铀工艺流程。

总之，海水提铀的设想是伟大的，而完成这个设想是极为困难的。目前，世界上有数以千计的科学家和研究小组，仍在不懈地努力。我们深信会有一天，海水提铀不再是一个"神话"，但现在我们只能将其列为一个尚未解开的谜。

29．"鬼火"的秘密

提起"鬼火"，人们就会想到一团火球拖着闪光的尾巴，东游西荡，飘忽不定。

对于"鬼火"的解释，比较多见的是将它解释为磷火。磷是德国炼金家勃兰德发现的。按照希腊文的原意，磷就是"鬼火"的意思，而且在实验室里还可以制造出"鬼火"来。办法是先在烧瓶里加入白磷与浓氢氧化钾溶液，加热后，玻璃管口就冒出气泡，实验室里弥漫着一股臭鱼味儿。这时，迅速把窗户用黑布遮上，就会看到从玻璃管口冒出一个又一个浅蓝色的亮圈，在空中游荡。这便是人造的"鬼火"。

那么，"鬼火"是不是单单指磷火呢？

勃兰德曾收集了德国人看到的300多例"鬼火"事件，并整理成书出版。美国、苏联也都有专门的团体研究这种神秘的自然现象，并已收集到几百个"鬼火"事例。*1986* 年，日本早稻田大学理工系的一位教授组织了"火球观测信息中心"，在半年的时间里，收到近千例目击者的报告。从以上大量的事例分析，这类"鬼火"不仅出现在野外，而且在人口密集的乡镇和繁华都市的街道也有不少人目击。如果说荒野中人与动物遗体中含有很多磷，生成磷化氢，即"鬼火"的话，那么城市中出现的"鬼火"就不好解释了。从整理日本人所目击的例子来看，"鬼火"大体可以分为火球形、鬼火形、焰火形、火柱形 *4* 种。其中，前两种占 *90*%，直径在 *50* 厘米以下，持续时间为 *8* 秒左右。颜色不尽相同，其中以白色、橙色最多，也有火红色的，而且有耀眼的光亮。出现时间大都在七八月份夜晚，晴朗无云或阴霾的天气。这些"鬼火"不包括雷雨天的球状闪电。

对于"鬼火"的成因，苏联物理学家卡皮查是这样解释的：云、树、建筑物在某些特定环境下都会产生大量电荷。它会使地面产生极大的电场，从而导致发光。理论对有些实例可做出圆满的解释，如有人发现，火球在离地面 *3* 米高处发生，先是固定不动，后骤然消失，接着又在离地面 *6* 米高处再度出现。这便是在驻波的第一波腹和第二波腹连续出现的"鬼火"。

此外，还有人认为，火球的产生是由于宇宙尘埃中的反物质所致的。

总之，"鬼火"这一传闻已久的谜，还没有完全揭开，科学家正在这方面不断努力。

30. 恒星颜色的揭秘

读者可能会问，我们看到的夜空中那些闪烁的星星不都是一种颜色吗？其实，天上的星星不都是一个颜色。

细心的读者一眼就看出恒星的颜色不一样，有红色、黄色、蓝色和白色等，犹如五颜六色的明珠。恒星为什么有多种多样的诱人色彩呢？

你是否到炼钢厂去参观过：当钢水在钢炉里的时候，由于温度很高，它的颜色呈蓝白色，出炉后随着温度的慢慢降低，它的颜色也变为白色，再变成黄色，再由黄变红，最后变成黑色。可见，物体的颜色受物体温度控制。天上的星星也是如此。它们的不同颜色代表星体表面温度的不同。天体的温度不同，它们发出的光在不同波段的强度是不一样的。从恒星光谱型我们已经知道，不同颜色代表不同的温度。一般说来，蓝色恒星表面温度在 25 000℃以上，如参宿七、水委一、腹一（甲星）、十字架二（甲星）和轩辕十四等。白色恒星表面温度在 11 500 ～ 7 700℃，如天狼星、织女星、牛郎星、北落师门和天津四等。黄色恒星表面温度在 6 000 ～ 5 000℃，如五车二和南门二等。红色恒星表面温度在 3 600 ～ 2 600℃，如参宿四和心宿二等。

太阳的表面温度约 6 000℃，照理讲，太阳应是一颗黄色的恒星，为什么我们白天看见的太阳发出耀眼的白色呢？其实，这是因为太阳离我们较近的缘故。如果有机会乘宇宙飞船到离太阳较远的地方，你会发现，太阳将是一颗黄色的星星。而美丽的朝霞和晚霞绽放红光的原因是地球大气对太阳光七种颜色中的红光折射偏角最大的原因引起的。

31．水果剥皮后为何变色

"庭前八月枣梨熟，一日上树能千回。"这是古代诗人杜甫的两句描写人们喜食水果的诗。水果香甜，人人喜食。水果在食用前，往往应先剥皮，这是比较卫生的。可是水果剥皮后，如不立即吃掉，则会产生果肉变色的现象，这又是因为什么原因呢？

水果剥皮后果肉同空气接触变成了褐色，时间越长颜色越深，这主要是由于大部分水果中含有一种叫"鞣酸"的植物酸导致的。这种酸一旦遇铁质，就会引起化学反应，生成鞣酸亚铁。鞣酸亚铁的化学性质很不稳定，当它与空气中的氧分子化合时，就自然而然地生成一种性能稳定的鞣酸高铁盐，而这种鞣酸高铁盐通常是呈颗粒状态的，很容易使水果变成褐色。还有一个原因，那就是水果的肉质细胞内普遍含有活性较强的多酚氧化酶，像苹果、梨这类水果剥皮或碰伤后，就会变成棕褐色，这是多酚氧化酶作用的结果。

水果剥皮后变色出现的微量鞣酸亚铁，食用后对人体并无影响。如果你想防止变色，可把剥皮后的水果放在凉开水中浸泡一会儿。